Réd :

18

MIRE ISO N° 1
NF Z 43-007
AFNOR
Cedex 7 - 92080 PARIS-LA-DÉFENSE

graphicom

LA SOCIOLOGIE

SELON LA LÉGISLATION JUIVE

~~APPLIQUÉE~~

A L'ÉPOQUE MODERNE

CONCILIATION DES ANTITHÈSES SOCIALES

PAR

L. K. AMITAÏ

PARIS

LIBRAIRIE FISCHBACHER

(Société anonyme)

33, RUE DE SEINE, 33

1905

LA SOCIOLOGIE

SELON LA LÉGISLATION JUIVE

APPLIQUÉE

A L'ÉPOQUE MODERNE

LA SOCIOLOGIE

SELON LA LÉGISLATION JUIVE

APPLIQUÉE

A L'ÉPOQUE MODERNE

CONCILIATION DES ANTITHÈSES SOCIALES

PAR

L. K. AMITAÏ

PARIS

LIBRAIRIE FISCHBACHER

(Société anonyme)

33, RUE DE SEINE, 33

1905

AVANT-PROPOS

Occupé depuis quelques années à une étude sur la différence qui existe entre l'éthique juive et sa résultante, les
mœurs, telles qu'elles se sont développées au sein de la
nation placée sous l'influence directe de la doctrine sinaïque,
et l'éthique d'après les Evangiles et d'après les mœurs créées
par elles dans la société chrétienne, ainsi qu'entre la première et la morale philosophique, dite d'évolution ; ayant
dans le but d'établir cette différence, publié successivement
quelques essais, tels que « L'Eldorado retrouvé, l'Etat
idéal », « La religion en général, et le Judaïsme en particulier, se sont-ils survécu ? », « La caractéristique de la
charité juive » ; nous avons en dernier lieu entrepris une
étude sur la Sociologie, selon la doctrine juive.

La première partie de cette Etude était presque achevée,
lorsqu'un catalogue de librairie allemande (Joh. Wirth,
Mayence) dirigea notre attention sur une Etude publiée sur
ce même sujet. Cette Etude est faite par le Dr H. Galan-
dauer, rabbin à Soborten (Bohême) et porte pour titre :
« Der Socialismus in Bibel und Talmud » ; elle est, nous le
constatons avec satisfaction, parallèle à la nôtre et elle
arrive au même résultat qu'elle ; elle possède même cet

avantage sur notre travail, qu'elle est plus complète et plus richement documentée. Aussi avons-nous estimé agir dans l'intérêt du but que nous nous étions proposé, en nous attachant au travail du rabbin érudit, tout en conservant notre méthode et notre liberté de mouvement. — Nous ne parlons ici que de la première partie de notre Essai.

Une autre Etude : « Die socialen Verhaeltnisse der Israeliten », par le Dr Frank Buhl, professeur de théologie (protestante) à l'Université de Leipzig, nous a moins satisfait et ajoutons-le, nous a été de peu d'utilité. Son travail, bien qu'il affecte une allure libérale dans l'exégèse des textes sacrés et fait étalage d'un esprit critique tout moderne, c'est-à-dire tendancieux et exagéré, se tenant souvent à la version littérale du texte sans pénétrer dans son esprit, dénotant aussi une ignorance complète du Talmud et de la littérature juive postbiblique ; ce travail, disons-nous, n'a de scientifique que le nom, il est d'une conception étroite, presque sectaire.

Cette façon de traiter des sujets touchant à des questions religieuses autres que celles de leur confession ou qui paraissent opposées à cette dernière, s'observe assez fréquemment chez les théologiens protestants. Les conceptions religieuses reçues au sein de la famille, sucées avec le lait maternel, les enseignements inculqués à l'école, corroborés par les études ultérieures à la faculté théologique, aboutissent toujours à l'admission sans réserve comme une vérité indiscutable et irréfutable, comme un axiome fixe, 1, que le Christianisme a vaincu et remplacé le Judaïsme, et 2, que le Protestantisme est digne de supplanter le Catholicisme. Imbus de ces « a priori », ils se risquent parfois à échafauder des systèmes philosophiques et même économiques qui, examinés à la clarté des faits historiques ou de la science pure, démentent leurs conclusions. Ils croient naïvement être objectifs dans leurs appréciations et dans leurs jugements, agir en simples narrateurs de faits et en exposants de situations, lorsqu'en constructeurs de thèses ou comme historiens, ils font passer devant nos yeux des personnes et des institutions, non pas telles qu'elles sont en réalité, mais telles qu'elles se réflètent dans la pupille de leurs yeux déjà occupée par une autre image. Ils oublient que par le fait même de leurs préconceptions, inconscientes parfois, ainsi que par l'autre fait qu'eux, des étrangers, des indifférents et dans bien des cas, des ennemis par haine de race ou simplement à cause de la divergence de croyance, ils ne se trouvent plus dans un état d'âme convenable pour apprécier et pour juger avec une objectivité et une impartialité suffisamment étendues les doctrines et les faits historiques du peuple juif.

Un honnête homme, si on lui demande une appréciation sur le caractère ou sur la conduite d'un de ses ennemis, ne doit-il pas se récuser, de crainte d'être partial ?

Si l'on admire Mommsen dans son histoire des Romains, J. Michelet dans son histoire de France et Macaulay dans son histoire d'Angleterre, n'est-ce pas, parce que ces grands historiens non seulement ont écrit leurs livres en hommes connaissant bien leur sujet, qu'ils ont vécu la vie des peuples qu'ils nous racontent, qu'ils se sont plus ou moins identifiés avec eux et qu'ils font revivre devant nos yeux curieux les personnages historiques selon leur nature réelle et selon leur caractère distinctif ; mais aussi parce que, dès le principe, ils avaient entrepris leur étude avec plaisir, qu'ils l'ont conduite avec amour, poursuivie avec enthousiasme et qu'ils ont mis pour ainsi dire, une partie de leur âme dans leur travail ?

Mommsen, il est vrai, n'est pas de nationalité romaine, mais comme historien, il s'est montré ultra-romain.

Les écrits de ces savants enthousiastes de leur sujet sont parfois teintés d'une nuance de partialité, mais on leur pardonne cette surcharge de couleur en raison du plaisir qu'on éprouve de les voir commettre leur péché mignon par amour et que finalement la vérité n'est couverte que d'un léger voile de gaze.

Tout autre apparaît l'historien indifférent ou ennemi. Chez le premier, le récit est froid comme de la glace, les événements émergent à l'horizon, se suivent dans une succession automatique d'images spectrales, sans chair, sans peau, sans vie, sans charme et sans éclat ; et chez le second, l'ennemi, les images qu'il nous présente sont caricaturées, les événements dénaturés, les causes insinuées et les conclusions faussées.

Dans quelle catégorie d'historiens les théologiens protestants peuvent-ils se ranger, lorsqu'ils parlent des doctrines juives ou de l'histoire du peuple juif ? A de rares exceptions près, certes, pas dans celle d'amis et d'enthousiastes. On oublie encore que l'histoire du peuple juif n'est pas semblable à celle des autres nations. Chez celles-ci, nous voyons partout dans la marche de leur développement national, une enfance, une adolescence, un âge viril et un état de décadence et de décrépitude ; chez le peuple hébreu l'enfance existe, nous assistons à la naissance douloureuse de la nation dans le pays d'Egypte, puis arrive un fait extraordinaire, nous faisons un saut et entrons sans transition dans l'âge viril ; l'adolescence, c'est-à-dire, l'époque de la croissance naturelle d'une nation, l'époque de son organisation nationale, de la lente et laborieuse élaboration de sa constitution et de sa législation, se passe chez les israélites en un jour et cela sans le concours du peuple. Le Sinaï leur a donné organisation, constitution et législation, il les a conduits d'un coup de l'enfance dans l'âge viril. Et la vieillesse du peuple hébreu, ne diffère-t-elle pas également de celle des autres nationalités ? Il ne forme plus une nation distincte et cependant où voit-on faiblesse et défaillance, pusillanimité et décrépitude ? Israël est encore toujours sur la brèche dans la lutte pour la conquête du progrès et de la civilisation ; pareil au roseau, il s'agite sous les coups du vent de l'adversité, il ploie sous la tourmente des persécutions, mais ne se rompt jamais. Le Dr Buhl n'a rien compris de l'histoire de ce peuple. De tout le travail de ce professeur de théologie, nous n'avons pu noter qu'une seule phrase en rapport avec notre Etude ; c'est celle qui touche à l'institution du Jobel et qui est ainsi conçue, page 113 de son livre :

« *La valeur sociale extraordinaire de l'institution du Jobel est facile à voir. Dans l'année du Jobel tous les israélites redeviennent des citoyens libres et recouvrent leur propriété immobilière,...... ; car, d'après le Mosaïsme, le pays appartient à Dieu et les habitants, pareils à des vassaux, ne le possèdent que comme des fiefs (Lév. XXV, 23). Ils ne peuvent pas être vendus comme esclaves, car ils sont des serviteurs de Dieu qui les a délivrés de l'esclavage d'Egypte (id. 42 et 55)* ».

Parmi les rares chrétiens qui ont su rendre justice à la doctrine juive et à la mission du Judaïsme, nous avons rencontré un auteur qui n'est pas théologien protestant. C'est un économiste de grand mérite et qui traite son sujet en qualité d'économiste, c'est M. Henry George, de New-York [1]).

Il parle dans une conférence de la Sociologie d'après le Mosaïsme et il traite son sujet en bon connaisseur, en juge ayant étudié son sujet sans prévention, l'ayant étudié avec intérêt, on peut ajouter avec plaisir et amour.

Comme l'appréciation du sujet qu'il traite s'approche de la nôtre, nous estimons faire un acte de justice envers ce savant et lui témoigner notre gratitude, en même temps servir notre cause et être agréable au lecteur de notre Etude, en donnant un extrait de cette conférence en guise d'« Introduction » à notre Essai. Le lecteur entrera ainsi d'emblée dans le sujet et pourra dès le début se former une opinion sur la question. La prévention détruite, l'esprit s'émancipe.

Pour l'élaboration de la seconde partie de notre travail, qui traite de l'application à la vie moderne des principes sociologiques selon la doctrine juive, nous n'avons pu trouver ni indication, ni direction, ni matériaux utilisables dans aucun ouvrage paru jusqu'à présent.

Nous avons entrepris notre Essai dans un double but : la première partie dans celui de contribuer à dissiper dans l'esprit du public certaines préventions contre le Judaïsme et contre les Juifs, préventions subsistant encore toujours dans l'esprit d'un grand nombre de personnes, même éclairées et de dispositions généreuses ; et la seconde partie dans le but d'apporter notre faible concours à la conciliation de quelques antithèses sociales qui ont de la peine à disparaître.

Si un bien, quelque minime soit-il, pouvait sortir pour la Société de notre petit travail, nous nous estimerions amplement récompensé de nos peines.

1. Chez I. H. Herrevitz, successeur, éditeur à Berlin, 10, Friedrichstrasse, S. W.

INTRODUCTION

Par M. Henry GEORGE

Le peuple juif n'est pas un empire fondé sur la force brutale, avec son système de castes, tel que l'antiquité en a produit, l'Egypte en tête ; ce n'est pas non plus une république dans laquelle la liberté du citoyen repose sur l'asservissement spartiate et dans lequel l'individualité disparaît, sacrifiée qu'elle est au Dieu-Etat. C'est une communauté — commonwealth — fondée sur la réunion libre d'individus dont l'idéal est le libre développement, la sécurité et la paix — vivre sous sa vigne et sous son figuier — ; une communauté où personne n'est condamné à une misère perpétuelle, à une peine sans fin ; une communauté où la bête de somme même jouit d'un jour de repos et où l'esclave voit poindre la fin de sa misère ; une communauté dans laquelle, la misère y étant bannie, les vertus viriles, filles de l'indépendance personnelle, peuvent se développer librement et concourir à la formation d'un caractère national fort et énergique ; une communauté dans laquelle l'amour filial attire chaque membre, le retient et l'entoure d'un lien plus solide qu'une chaîne d'acier, où l'amour transforme la famille en un être compact, vivant et indissoluble.

Le but de la législation de ce peuple n'est pas la protection de la propriété, mais la protection de la fraternité et de la solidarité des citoyens.

Elle n'a pas en vue de prêter assistance au fort, de renforcer son égoïsme dans l'accumulation de richesses ; elle tend au contraire à protéger le faible contre toute oppression et exploitation. De tous côtés elle élève des barrières contre l'avidité égoïste qui, si on ne la refrène pas, fait des hommes des propriétaires et des serfs, des millionnaires et des vagabonds, des exploiteurs et des exploités, des capitalistes et des esclaves du travail. Le repos hebdomadaire et l'année de friche assurent un repos mérité à la plus humble des créatures. L'année du jubilé enfin, lorsque la trompette sonne, rend la liberté à l'esclave, éteint toute dette et établit une nouvelle répartition du sol — le mot *rectification* serait plus près de la vérité [1] — et assure même au plus pauvre une part équitable du sol de la patrie commune.

. . . .

La caractéristique de sa législation, c'est le principe de l'utilitarisme en même temps que l'application de la morale divine à la vie sociale. Le Dieu qu'elle présente à l'adoration du peuple n'est pas une divinité quelconque de l'antiquité nébuleuse, ou du futur inaccessible, son Dieu est notre Dieu, à nous qui vivons aujourd'hui et ses ordonnances éternelles apportent le bonheur à tous ceux qui les observent et le malheur à ceux qui les oublient, et cela dans cette vie terrestre déjà, sans préjudice de ce qu'elles peuvent nous réserver dans l'au-delà... (L'immor-

1. Note de l'auteur.

talité de l'âme y est enseignée tacitement, mais d'une manière indéniable.)

... Son génie, si je peux m'exprimer ainsi, abandonne les spéculations abstraites, dans lesquelles l'esprit se perd et s'épuise si facilement, il abandonne de même les symboles, auteurs inconscients de la superstition, il se renferme dans des lois qui, au choix de l'homme, lui assurent la prospérité et la vie ou le livrent à la misère et à l'abjection.

Les doctrines qu'il enseigne, ne servent pas l'égoïsme qui forme le principe caractéristique du brahmanisme et du bouddhisme et auquel ni le christianisme ni l'islamisme n'ont pu se soustraire entièrement. La loi ne lui dit pas : « Que t'importe le monde, sauve ton âme ! » mais elle lui dit : Remplis ton devoir dans la société des hommes, tu seras d'autant plus heureux, et le monde sera meilleur.

. . . .

Nous avançons sans arrêt ; nous resserrons le réseau des chemins de fer autour des continents ; nous relions des villes par des télégraphes et des téléphones ; chaque jour apporte une invention toute fraîche ; chaque année est témoin d'un progrès nouveau, d'une force productive augmentée et de débouchés commerciaux plus nombreux. Et cependant la plainte : « Les temps sont durs » se fait entendre de plus en plus fort ; les cris poussés par une multitude haletante sous la pesée du travail deviennent plus brefs et plus perçants, le travail augmente et avec lui — quelle ironie ! — la misère ! A côté de magasins gorgés de marchandises, nous voyons des hommes engourdis de froid ou mourir d'inanition ; partout croupit la misère au milieu de l'abondance, l'ignorance dans les centres de

culture... Et si nous cherchons la cause de tous ces maux
— ô aveuglement humain ! — elle nous a été indiquée il
y a plus de trente siècles dans le livre de législation de ce
peuple. Cette cause n'est autre que la reconnaissance
arbitraire du droit de propriété à perpétuité, la possession
du sol par un petit nombre de personnes, ce sol destiné à
nourrir tous les enfants du pays. Le peuple ainsi se divise
en deux classes, ici un petit nombre de riches, là le grand
nombre de pauvres, les premiers s'érigeant en maîtres des
seconds, et cela a lieu sans égard à la forme du gouvernement ou à la religion qui domine dans le pays,

La législation qui nous occupe a suivi une autre route,
la seule bonne. Le sol, d'après elle, est le don du Créateur
— Providence des hommes. — Personne n'a le droit de le
monopoliser. La législation ne se sert jamais de l'expression : *ta* propriété, *ta* possession, le champ que *tu as
acheté*, ou le pays que *tu t'es approprié par conquête ;* elle
dit : « Le pays que le Seigneur, ton Dieu, te donne, ou le
pays qu'il te loue à bail, qu'il te donne en fief »... Non
seulement le législateur a souci de répartir équitablement
le sol entre les citoyens, d'instituer la friche des champs
tous les sept ans, mais encore, avec un esprit de pré-
voyance admirable, il établit une répartition renouvelée
tous les cinquante ans. Et reconnaissant qu'un travail
ininterrompu doit inévitablement asservir l'ouvrier et
l'abrutir, elle a institué le repos hebdomadaire obligatoire,
bienfait dont la société ne lui sait pas suffisamment gré.

Et qui peut douter, si l'on prend en considération le
gaspillage de la force productrice, que la société moderne
ne fût plus prospère et plus heureuse, si à côté du maintien
du jour de repos hebdomadaire, elle avait conservé en même

temps la grande idée de l'année sabbatique et de l'année jubilaire, adaptée aux nouveaux besoins de la société !

De l'esprit libre dont fait montre la législation qui nous occupe, est née l'intimité si réconfortante de la vie familiale du peuple, son fidèle observateur, cette vie familiale qui a su lui conserver son individualité à travers toutes les vicissitudes de son histoire, ainsi que son amour pour l'indépendance si développée chez ce peuple, indépendance nationale et indépendance de caractère. Il en est de même de son patriotisme si admirable dans l'histoire.

Cette législation, non moins par les actes qu'elle inspire que par les doctrines qu'elle enseigne, est pour la vie du peuple une source de bénédictions. Elle octroie la vraie dignité à la nature humaine, sanctifie les efforts de l'homme, donne la confiance et insuffle force et vigueur au monde travailleur. Elle proteste contre la doctrine blasphématoire qui domine aujourd'hui encore dans la société, comme il y a trente siècles, doctrine qu'on entend préconiser même dans les églises, descendre du haut de la chaire de vérité, enseigner doctrinalement, que la misère et la souffrance qui font gémir les grandes masses du peuple, sont une institution divine, une nécessité mystérieuse, imposée par la Providence à l'humanité, destinée que nous pouvons déplorer, mais que la société est impuissante à combattre et à changer. Erreur, dit la législation qui nous occupe, non, enseigne-t-elle, il est du devoir de la société de déployer tous ses efforts pour faire disparaître de son sein la misère et l'asservissement. Elle dit : « Le peuple souffre, qui ne voudra pas le délivrer ? » Si la résignation individuelle compte au nombre des vertus, la résignation d'une collectivité est chose monstrueuse.

LA SOCIOLOGIE
SELON LA LÉGISLATION JUIVE

PREMIÈRE PARTIE

Le Socialisme

A) Genèse de l'antagonisme social

De nos jours, la question sociale s'est placée au premier plan des préoccupations des gouvernants, des économistes, des hommes politiques et des penseurs en général, de discussion inoffensive et académique, elle s'est transformée en une polémique vive et brûlante ; de sourde, cachée et honteuse qu'était la lutte sociale il y a un demi-siècle encore, elle est devenue une lutte ouverte et acharnée entre les partis en cause, une lutte au couteau.

Dès qu'il y eut deux hommes vivant en contact entre eux, possédant des dispositions mentales peu conformes, des goûts différents, des aptitudes et des habiletés dissemblables, un sourd antagonisme, peu conscient encore, toutefois réel, naquit dans le cœur de ces deux hommes ;

dans le cœur de l'un, le plus fort, le plus habile, le plus ambitieux, le plus enclin aux jouissances, une velléité embryonnaire de s'attribuer la plus large part des biens possédés en commun par les deux, une tendance subtile mais déjà sensible, d'user de ses avantages naturels aux dépens de son compagnon moins fort, un désir naissant de prévaloir et d'exercer une espèce de domination sur lui ; chez l'autre, le faible, le délicat, un commencement de dépression surgit, envahissant peu à peu tout son être et donnant éveil à un grain d'envie et de jalousie et aussi à un désir toujours grandissant d'user à son tour à l'égard du fort des moyens dont il se savait avantagé, finesse de perception, subtilité d'intelligence ou simplement une plus grande dose de ruse et d'artifice dont il pouvait tirer avantage pour se préserver ou même pour damer le pion à son voisin, le désir enfin de reconquérir sur lui le terrain perdu. Les points défectueux chez le favorisé devenaient pour le plus faible autant de points de mire pour l'attaque.

Avec l'augmentation du nombre d'hommes sur la terre, l'antagonisme qui, à l'origine, était à peine ébauché, à peine tangible et perceptible seulement comme à travers un voile dans la profondeur de l'âme, à l'époque où il n'y avait encore que deux hommes, l'antagonisme, disons-nous, s'accentua peu à peu, apparut plus net et plus tranchant, à mesure que les intérêts opposés grandissaient et qu'augmentait la divergence des sentiments subsistant entre les deux catégories d'hommes. *Les classes étaient nées.*

Dans la Bible, ce phénomène est représenté par l'histoire symbolique de la lutte entre les deux frères Caïn et Abel, lutte qui se termina par le coup mortel porté par le premier au second.

Cet antagonisme, effet naturel de l'inégalité des hommes, en même temps qu'il a incité ceux-ci à se combattre, leur a montré l'utilité, disons la nécessité impérieuse et inéluctable de se concerter entre eux pour établir des règles et des lois dans le but d'éviter que les luttes ne dégénèrent en des combats d'extermination et que les conditions des luttes ne soient par trop inégales. Il s'agissait de conserver la société et d'y maintenir un *modus vivendi*.

Dans l'élaboration des lois sociales, les premiers législateurs avaient, certes, le devoir de s'inspirer du principe de la justice, mais il faudrait ne pas connaître la nature humaine pour ne pas deviner que les forts et les puissants auxquels, grâce à leur pouvoir, échéaient tout naturellement les soins de préparer les lois, allaient user de leurs avantages pour s'attribuer dans la législation des privilèges et des droits au détriment des faibles ; leur force leur assurait une influence suffisante pour les imposer au besoin. Ainsi ces lois primitives n'étaient et ne pouvaient pas être l'expression de la justice stricte et idéale, elles inclinaient encore le droit en faveur des forts [1].

De cette façon, il est vrai, le *droit naturel*, le droit du plus fort dans sa crudité et dans sa sauvagerie, fut écarté, mais la loi sociale appelée à le remplacer restait non seulement boiteuse, mais encore franchement inique. Cette

---

1. « Si nous faisions l'analyse des lois vicieuses, dit *Comte* dans le « Traité de législation », nous trouverions qu'elles sont l'expression des intérêts, des préjugés de la partie influente de la société. »

« C'est l'intérêt des législateurs qui détermine l'esprit des lois. » *Rittinghausen*.

Spencer dit : « Toutes les lois ont été faites au profit de ceux qui les ont votées ou de leurs clients. »

loi en dépit de ses défectuosités et de ses iniquités s'implantait cependant au sein de la société et y restait en vigueur pendant des générations et des générations — l'évolution, comme on voit, ne procède que par petites étapes — ; elle (la loi) entrait dans les mœurs des peuples, établissait un état social qui fut généralement admis et en acquérant un caractère de stabilité, elle pervertissait à la longue l'état d'âme de ces peuples au point qu'ils avaient à peine conscience du mal et qu'ils ne sentaient aucunement en eux la mission d'y remédier. En effet, nous voyons que les hommes les plus éclairés, les plus sensibles, les plus généreux et les plus nobles dans ces générations pouvaient se mouvoir dans cette atmosphère délétère sans éprouver la nécessité d'en sortir ; inconsciemment ils restaient prisonniers de leurs préjugés et captifs de leurs idées étroites : l'infiltration avait consommé son œuvre.

D'après la conception de ces législations, le travail manuel était déconsidéré, l'agriculture méprisée, les métiers en discrédit. Socrate, le sage entre les sages de l'antiquité, a bien reconnu la nécessité des métiers ; néanmoins, incapable de se dégager des fausses conceptions de son époque, il déclare que l'exploitation des métiers n'est pas digne d'un homme libre. Platon et Aristote à leur tour prétendent que le travail émousse les facultés intellectuelles, enlaidit le corps et produit des hommes grossiers. Ainsi, d'après leur conception faussée, l'existence de différentes classes dans la Société était une nécessité sociale, une nécessité naturelle découlant non du mérite intellectuel et moral des individus, mais du hasard de la naissance, des éventualités et des circonstances de la vie sociale. Ces idées se sont conservées à travers les âges dans la société humaine. Un seul peuple s'était affranchi de conceptions anti-sociales, peuple presque obscur, n'ayant acquis de prestige ni par le nombre, ni par des conquêtes, ni par la domination : c'était le peuple juif. Sa législation n'admettait ni de castes tranchées, ni de classes séparées, elle proclamait qu'issus du même couple, les hommes devaient se considérer comme égaux entre eux, sans distinction de nationalité ni de race. Cette législation se distinguait encore de toutes les autres de l'antiquité par le fait qu'elle honorait le travail, qu'elle le déclarait méritoire au premier chef, qu'elle l'imposait aux hommes comme une obligation sociale et comme une obligation morale.

Mais n'anticipons pas.

B) Nécessité de conciliation des antithèses

Connaissant l'origine de l'antagonisme entre les classes sociales et la genèse de leurs luttes, il s'agit pour nous de rechercher les moyens de conciliation entre les principes opposés ou du moins d'en adoucir les angles et d'en émousser les aspérités, puis d'examiner dans quelle mesure la législation juive a donné une solution satisfaisante à ce problème.

On conçoit que la cessation de l'antagonisme doit précéder la conciliation des principes en opposition. L'étude de la législation juive nous fera découvrir, qu'elle possède les éléments nécessaires dans les deux directions, qu'elle écarte les causes de l'antagonisme entre les classes sociales et qu'elle offre les moyens d'opérer la conciliation entre elles.

2

Nous étudierons notamment les questions suivantes :

1. Si la sociologie telle qu'elle s'est développée et se manifeste aujourd'hui dans le Socialisme militant, se légitime en vertu d'un droit naturel et si ce droit lui est reconnu par la législation juive.

2. Si cette même législation reconnaît comme vérité, que la source principale de l'apaisement de l'antagonisme social est le principe de l'égalité des hommes, le principe que tous les êtres humains sont congénères, possédant le même organisme et partageant le même sort naturels ; puis si cette législation place ce principe comme base à ses lois sociales.

3. Quel est le degré d'harmonie entre la théorie qu'elle enseigne et l'application qu'elle en fait, et

4. Si la législation juive parvient et dans quelle mesure elle parvient à opérer la conciliation des antithèses sociales et dans quelle mesure elle réussit ainsi à résoudre le grand problème du Socialisme.

I. La légitimité du Socialisme à la lumière de la législation juive

A) L'Egalité sociale et ses limites

[Nous venons de voir que le Socialisme est l'effet dont la cause naturelle est l'inégalité des conditions dans lesquelles les hommes naissent et sont obligés de vivre.] Sans cette inégalité imposée à l'homme dès sa naissance, sans l'abus qu'il est porté à en faire, sans son penchant aussi à jouir immodérément des biens matériels, au lieu de se contenter de satisfaire simplement ses besoins réels, la question sociale n'aurait pu surgir ou, si elle était soulevée, aurait pu être réglée sans la moindre difficulté. Mais comme les passions, telles que la convoitise et l'avidité, poussent l'homme à poursuivre la possession des biens terrestres et à rechercher par là les moyens de gagner la considération de ses semblables, qu'elles incitent d'autres hommes à conquérir la puissance et la domination ou encore à vivre dans l'orgie et dans le plaisir : une égalité sociale parfaite ne peut guère s'établir, à peine pourrait-elle s'ébaucher de temps à autre, pour s'effacer et disparaître ensuite dès qu'un individu réussit à s'imposer de force ou trouve moyen de berner ses semblables par des promesses plus ou moins éblouissantes.

Et ces moyens de déséquilibrer les situations s'obtiennent tout naturellement comme suite à la diversité existante dans les aptitudes, dans les facultés physiques ou intellectuelles des individus, ou parfois par des circonstances fortuites (vulgairement appelées la chance), ces moyens sont ordinairement exploités sans vergogne pour le bénéfice de quelques-uns — les favorisés — et pour le désavantage du reste, — le grand nombre des faibles.

Le socialisme, s'inspirant du principe de l'égalité des hommes dans leurs rapports avec la Nature, croit pouvoir réclamer également l'application de ce principe dans leurs rapports avec la Société ; il croit avoir reçu la mission d'établir l'égalité en toute chose et s'il la voit déséquilibrée quelque part, de la rétablir, fût-ce par un acte de violence, de demander des droits et des devoirs égaux pour tous les membres de la même Société et au besoin de les imposer ; d'assurer à tous indistinctement une égale dose de jouissance des biens de la terre, une somme équivalente de considération et de puissance personnelles.

Considéré dans cette étendue, le Socialisme est une chimère. Car, s'il est vrai que tous les hommes sont égaux en présence des phénomènes de la nature, c'est-à-dire qu'ils sont tous soumis aux mêmes lois naturelles en ce qui concerne la naissance, les conditions de la vie et de la mort, ainsi qu'aux influences de la température, du magnétisme et de l'électricité, etc., il n'est pas moins vrai, comme nous venons de le dire, que chaque homme, en dehors de ce qu'il a de commun avec son prochain, possède des aptitudes et des qualités particulières qui le différencient de son prochain, qui font de lui un être à part, une individualité distincte. Il en résulte en toute justice que chaque individu possède aussi le droit et on peut ajouter le devoir, de développer et de faire valoir ses aptitudes et ses facultés particulières au mieux des intérêts généraux de la Société et aussi au profit des siens propres. Le socialisme ne peut en droit réclamer comme chose due à chacun des membres de la société, qu'une part suffisante de la subsistance pour vivre, ainsi qu'une part à la jouissance des biens terrestres, dans la mesure et en proportion des efforts personnels qu'il fait et des services qu'il rend à la collectivité des hommes.

Tout ce qui dépasse ce droit est non fondé en *justice*. Si l'individu — nous parlons de celui qui par son travail contribue à la prospérité de la généralité, — reçoit pour sa part de quoi se nourrir, s'habiller, se loger, lui et sa famille, aucun droit ni naturel ni social ne peut lui être reconnu d'exiger le superflu ou le luxe, à moins que par ses aptitudes spéciales il ne soit à même de se les procurer et ne se les procure comme fruit de son travail ; par contre, l'individu qui pourrait travailler, mais s'obstine à vivre aux dépens d'autres individus ou de la collectivité, n'a droit qu'au strict nécessaire et encore non en vertu d'un droit proscrit par la *justice,* mais comme un don qui lui est accordé par la *charité* (confraternité). La question des salaires, de la protection du travailleur en cas d'incapacité de travail, en cas de maladie et de vieillesse, la question des indemnités en cas d'accident, toutes ces questions ne découlent pas du principe du *droit* social qui, lui, ne s'occupe que de ce qui est dû à l'homme en tant que créature humaine, mais dérivent de celui de la *justice* sociale ; elles seront traitées sous cette rubrique au chapitre IV de cette partie de l'ouvrage.

Le collectivisme et le communisme sont exclus du *droit social*, ils reposent sur une conception erronée de la nature humaine et constituent une atteinte à la liberté individuelle ; en outre, comme ils mettent des entraves au libre développement des facultés de l'individu, ils sont condamnables comme adversaires de l'évolution dans l'humanité. Pour la même raison il faut aussi repousser cette autre formule tendancieuse, érigée en axiome par les socialistes : que la propriété est un vol. Non, la propriété est légitime, elle représente le fruit d'un travail accompli par soi-même ou exécuté par un ancêtre ; toutefois la justification de la propriété ne va pas jusqu'à proclamer licite l'accaparement d'une propriété illimitée.

B) Le Droit social réel et le droit social fictif

En parlant du droit social, il faut faire une distinction nette entre le droit réel qui revient à l'homme en vertu de sa nature constitutive et le droit qui ne découle pas de son organisme. Dans la catégorie des choses inhérentes à la nature humaine, il faut ranger l'instinct de sociabilité chez l'homme et ce qui s'en suit, puis celui de la conservation — toute créature humaine appelée à la vie a droit à l'existence et au libre développement de ses facultés tant physiques que spirituelles — il y faut encore ranger le besoin bien établi de l'homme d'avoir un coin de terre pour lieu de séjour — car on ne pourrait pas le reléguer dans la lune ou dans une des planètes —, puis la nécessité pour lui de retirer de la terre les ressources dont il a besoin pour vivre et de réclamer pour sa jouissance personnelle une part équitable des richesses qu'elle met à sa disposition. Dans le droit de la seconde catégorie, il faut

compter la prétention de pouvoir disposer arbitrairement,
sans frein et sans réserve, des forces physiques et intellectuelles dont la nature l'a doué, d'en abuser même au
détriment de son prochain et contrairement à tout principe éthique, d'imposer de force aux autres sa volonté et
ses désirs, uniquement pour satisfaire ses passions d'avidité et de domination. Ce dernier droit, qui était le droit
des hommes primitifs dans leur état sauvage, est vaincu.
Le socialisme ne doit pas s'appuyer sur lui ni en employer
les moyens pour revendiquer des droits ; il ne pourrait
pas davantage, pour faire valoir ses droits, s'appuyer
sur des motifs qui sont condamnés par la morale ; ni
envie, ni jalousie, ni désirs immodérés ne peuvent lui
conférer des droits.

Le droit basé sur l'instinct de sociabilité et de conservation, en d'autres termes le droit de réclamer les choses
nécessaires à la vie, ce droit est approuvé par la raison ;
il constitue

C) Le Droit rationnel

Le droit rationnel a un double but :

1. Assurer à chaque individu ce qui lui est nécessaire
pour sa subsistance matérielle et pour ses besoins intellectuels, et

2. Protéger sa vie, le développement naturel de ses
facultés et la propriété qu'il a acquise par le travail.

Ce droit constitue en effet un contrat passé entre la
Société prise en son ensemble et chaque individu composant la collectivité. Ce contrat doit reposer sur l'équité,
telle qu'elle est enseignée dans le vieux dicton talmu-
dique : « ce que tu ne désires pas pour toi, ne le fais pas

à autrui. » (Hillel). Ce contrat reconnaît une organisation du corps social basée sur des principes moraux tels qu'ils répondent à la mentalité de chaque époque. Il reconnaît une autorité établie pour veiller sur l'exécution des lois sociales. Basé sur la *raison,* il proclame la vérité sociale fondamentale qu'à chaque *droit* social correspond un *devoir* social, que chaque faculté d'user d'un privilège est mise en regard de l'obligation de rendre à la Société un service équivalent. « J'ai le droit de vivre, je dois respecter la vie de mon prochain, j'ai la faculté de travailler et de me procurer ma subsistance, mon semblable possède cette faculté au même titre que moi, je dois lui reconnaître le droit au travail et à la possession du fruit de son travail. » On peut en déduire que le Socialisme est en droit de demander à la Société, c'est-à-dire à l'organisme qui la représente et qui n'est autre que l'État, de garantir à chaque individu sa subsistance, moyennant un travail que celui-ci s'engage à fournir à la collectivité ; il n'est pas nécessaire que l'échange soit fait d'une manière directe entre l'individu et la collectivité, il pourra se faire aussi bien entre celui-là et une unité ou plusieurs unités faisant partie de la collectivité ; l'échange n'est pas imposé non plus comme obligation directe entre tel individu et telles autres unités de la collectivité, une obligation pareille porterait atteinte à la liberté des parties ; l'obligation ne lie que l'ensemble de la Société envers l'individu, ce qui veut dire que l'État est obligé d'organiser la Société de telle sorte, que chacune de ses unités puisse trouver sa subsistance en échange d'un travail équivalent fourni au profit de la Société.

Mais le Socialisme outrepasse ses droits s'il exige d'une

classe déterminée prise dans la collectivité, soit du travail, soit la subsistance au profit de telle ou telle autre catégorie des membres de la Société également déterminée, puis s'il se croit autorisé à employer des moyens violents pour arracher de force à la Société ce prétendu droit. Si l'une des parties contractantes n'observe pas loyalement ses engagements envers l'autre partie, considérée comme adverse dans la lutte des intérêts, elle est responsable du conflit qui en résultera au détriment de la collectivité et de la paix publique, responsable aussi du recul de la civilisation et du retour de la Société vers le règne du droit naturel.

Comme tout contrat, à moins d'avoir le caractère d'un contrat unilatéral ou d'un contrat imposé par contrainte, repose sur le principe de réciprocité et de compensation, la classe possédante considérera l'offre de travail qu'elle fait à la classe qui l'exécute et le salaire qu'elle lui paye, comme un échange de services soit d'une valeur équivalente, soit dans des cas exceptionnels, lorsqu'une compensation en travail ne peut pas être fournie par l'autre partie pour raison d'incapacité, comme assistance et secours, la classe possédante, disons-nous, considérera ces prestations, non pas comme un acte de grâce, mais comme un simple acte de justice.

La classe des travailleurs de son côté est de plein droit engagée à *accepter* l'offre de travail en échange d'un salaire rémunérateur, obligée aussi d'exécuter le travail dans les meilleures conditions qu'il lui est possible. Refuser le travail ou, l'ayant accepté, l'exécuter mal ou encore exiger une rémunération disproportionnée au travail fourni, ce serait du côté des travailleurs porter atteinte à la sainteté du contrat social et s'exposer à des représailles, telles que le refus de l'offre du travail ou de l'assistance de la part de la classe fortunée.

La législation juive satisfait à ces obligations dans les deux directions ; elle exige du travailleur loyauté et dévouement et du bailleur du travail et en général de la classe favorisée, exécution scrupuleuse du contrat social. D'après la Bible, si le riche oublie ou néglige ses obligations, Dieu prend la défense du pauvre et lui rend justice : « ... s'il crie vers moi, je l'entendrai, car je suis gracieux. » (Ex. xxii. 26.) « Il (Dieu) procure le droit à l'orphelin et à la veuve, il aime l'étranger pour lui donner nourriture et vêtement. » (Deut. x. 18.) « Le péché du riche, s'il oublie son frère pauvre, est pareil à celui de l'homme qui nie l'existence de Dieu ; l'être humain au cœur dur qui néglige la pratique de la charité se trouve placé au niveau moral du renégat et de l'idolâtre. » (Baba Batra 10' a.) Au contraire, « l'homme qui pratique le bien en secret atteint la perfection suprême (dans le texte, est supérieur à Moïse). » (id. 9ᵇ.)

L'accomplissement des devoirs de charité et de grâce (l'amour fraternel en action) n'est pas envisagé dans la religion juive, comme un devoir né par spontanéité, comme la traduction en action d'un sentiment généreux — charité autonome d'après Kant —, mais comme l'exécution d'un acte de justice proscrit, de justice stricte et rigoureuse, à laquelle l'israélite ne peut pas se soustraire. Et cet acte de justice doit s'étendre sur tous les malheureux indistinctement, en première ligne sur ceux qui souffrent le plus et sur ceux qui d'ordinaire sont les plus abandonnés : « Tu es une créature humaine, créée à l'image de Dieu, dit un des sages en Israël, ton prochain ne l'est pas moins et comme nous voyons que la mère entoure d'une sollicitude toute particulière celui de ses enfants qui est le plus souffrant et lui prodigue en surabondance amour et soins maternels, de même l'israélite doit accorder sa sollicitude et faire œuvre de charité de préférence au profit des plus pauvres et des plus infortunés. »

On n'a que l'embarras du choix dans les textes sacrés qui traduisent ce devoir du cœur en des lois concrètes, en des lois sociales de caractère *obligatoire*. Ces textes font moins appel aux sentiments de *générosité* des hommes qu'à leur sentiment de *justice*, et surtout à leur *volonté*. S'apitoyer sur le sort du malheureux, c'est bien, mais comme la pitié reste souvent stérile sans inciter à l'action, l'éthique juive ne s'en contente pas, elle ordonne *l'action*, elle impose *la pratique*, elle exige *des œuvres*. « Tu n'opprimeras pas (par des paroles) ni ne maltraiteras (par des actes) l'étranger ; tu n'affligeras pas la veuve ni l'orphelin, si tu les affliges et qu'ils viennent crier vers moi, j'entendrai leurs cris. » (Ex. XXII, 20, 21, 22). « Tu ne porteras point atteinte au droit du pauvre dans son procès ». (Id. XXIII, 6). « Tu n'opprimeras pas l'étranger » (Id. 9). « Tu ne retiendras pas jusqu'au lendemain le salaire du mercenaire. » (Lév. XIX, 13). « Si ton frère s'appauvrit et que sa main fléchisse près de toi, tu le soutiendras, qu'il soit étranger ou cohabitant, afin qu'il vive avec toi. » (Id. XXV, 35). « Tous les trois ans tu sortiras toute la dîme de tes produits et tu la déposeras dans tes portes (à l'entrée des villes), alors viendront le lévite qui n'a pas d'héritage à côté de toi, l'étranger, l'orphelin, la veuve, ils mangeront et seront rassasiés. » (Deut. xiv, 28, 29).

Le Pentateuque qualifie de « vaurien » (Belijaal) — homme sans valeur morale — celui qui se refuse à remplir ses devoirs envers le pauvre ou le maître qui en congédiant son serviteur ne le charge pas de présents. (Deut. xv. 7 à 14.)

Les prophètes marchant dans les sillons de la Loi, ordonnent comme elle, la bienveillance, le bon traitement, les égards et l'assistance envers le nécessiteux comme autant d'actes de *justice.*

Le Talmud a fait un pas de plus, il a codifié dans tous les détails les devoirs du riche et les droits du pauvre, les a incorporés au code social au même titre que les droits de succession, les contrats de mariage, de divorce et les lois cérémoniales (Hilchot Zedaka).

La Thora, les prophètes et le Talmud sont ainsi d'accord pour proclamer la haute valeur de la pratique de la charité et appeler la bienfaisance et les œuvres de charité un encens pur, plus agréable à Dieu que tous les sacrifices sanglants, voire la prière. La loi hésite à témoigner une confiance permanente au sentiment de charité de l'homme, elle *ordonne* péremptoirement au fidèle (sous peine de saisie), même si le sentiment ne s'est pas déclaré, de donner au pauvre tout ce dont il a besoin, non seulement en fait de nourriture, mais aussi en ce qui concerne l'habitation, les vêtements et les objets indispensables de ménage (Ketouboth 67ᵇ).

Aux pauvres honteux, aux personnes matériellement déchues, la loi ordonne d'ajouter la dispensation du *confort* afin de leur faire oublier leur chute (id.)

La taxe des pauvres est obligatoire et susceptible d'être perçue comme les autres impôts (à la rigueur par la saisie) (Baba Bathra 8ᵇ et Ketouboth 49ᵇ).

Le pauvre lui-même, celui même qui vit de l'assistance étrangère, n'est pas exempté de payer la taxe des pauvres (Guitt. 7ᵇ).

On ne doit pas consacrer aux œuvres de charité moins de 10 % de ses revenus annuels, le maximum permis, si on a des héritiers directs, est de 20 %.

Ainsi pour conclure, lorsqu'il s'agit de la conservation de la vie de l'individu et de la conservation de l'espèce, puis, lorsque le maintien de l'ordre et de la paix dans la Société y est impliqué : les droits du Socialisme sont de premier ordre et *doivent être reconnus dans leur intégralité*.

Le droit social le veut ainsi ; aussi par la raison que la satisfaction de ces droits aide à concilier les antithèses sociales, à diminuer et à faire disparaître l'antagonisme entre les classes possédantes et déshéritées et à empêcher les luttes entre le capital et le travail. Mais si le Socialisme s'avise de sortir de ce cadre, si incité par l'envie, par la jalousie et par la convoitise, il tend à déposséder le riche, à partager avec lui sa fortune légitimement acquise, s'il s'arroge la mission imaginaire de niveler les classes sociales en ce qui concerne la propriété privée, s'il prétend posséder le droit de prendre à l'un pour le donner à l'autre ou se l'approprier soi-même, ou encore le verser dans une caisse publique pour alimenter les revenus généraux : ce socialisme serait non seulement une utopie à jamais irréalisable, mais encore la perpétration d'un crime, le crime du *vol*.

II. L'Egalité devant la Loi,
selon la législation juive

S'il existe une législation, ancienne ou moderne, qui reconnaisse l'égalité entre les hommes portée à son expression la plus large et la plus élevée, qui en outre possède la qualification et a créé les moyens de la réaliser dans la Société : c'est sans contredit la législation déposée dans la Bible et dans le Talmud, en un mot, c'est la législation juive.

Avant d'essayer d'en faire la démonstration, il est utile d'écarter quelques malentendus ou interprétations erronées au sujet de quelques-unes des dispositions de la loi mosaïque qui paraissent ne pas s'accorder avec le principe de l'*égalité* des hommes.

Les dispositions en question, sujettes à critique, doivent-elles être considérées comme un triste héritage d'une barbarie antique ou comme des concessions faites à des nécessités sociales de l'époque où cette législation a vu le jour ?

Les théologiens chrétiens prévenus se complaisent à admettre la première hypothèse. Ils y sont naturellement portés dans le but de mettre en relief et en pleine lumière la « Nouvelle Loi » ; l' « Ancienne Loi » (la Cendrillon) doit demeurer dans une clarté crépusculaire ; ils imitent le peintre qui, pour faire paraître en pleine lumière le principal sujet de sa composition, peint le fond de sa toile en couleurs sombres.

Les esprits moins prévenus se convaincront sans peine que la seconde hypothèse est la seule vraie.

Voici ces quelques points qui prêtent à la critique :

QUELQUES ANOMALIES DANS LA LÉGISLATION JUIVE
RELATIVES AU PRINCIPE DE L'ÉGALITÉ

1, l'admission de l'esclavage dans la législation mosaïque ;

2, la tolérance du prêt d'argent à intérêts à des non-coreligionnaires ;

3, la tolérance de la polygamie.

1. *L'esclavage*

Le fait est connu qu'à l'époque de la promulgation de la Loi sur le mont Sinaï, l'institution de l'esclavage était généralement établie dans tous les pays connus, elle faisait partie de l'organisation sociale, était entrée dans les mœurs et les usages des peuples. Il aurait été, sinon impossible, du moins excessivement difficile de l'éliminer tout d'un coup par un acte d'autorité, par la force et la violence. Une transformation des mœurs et des usages séculaires ne s'opère pas du jour au lendemain, l'évolution n'avance pas par bonds et sauts, elle suit une marche mesurée et lente. Une législation pourrait-elle sans une longue préparation abolir par exemple l'institution du mariage ou du divorce ou du militarisme, pourrait-elle le tenter par un simple décret édicté par l'autorité, pourrait-elle désorganiser, désagréger toute la vie économique d'un peuple par la proclamation d'un édit royal ? On sait que non. Une évolution dans les mœurs, pour réussir, doit être précédée d'un long processus dans les idées et d'une éducation longue et laborieuse dans les coutumes.

La Loi de Moïse a entrepris cette transformation dans les idées, cette éducation des mœurs du peuple qu'elle avait pris pour tâche de diriger et de conduire dans la voie éthique et elle a employé les seuls moyens appropriés pour arriver à ses fins : elle a inculqué le respect du travail et le respect de la dignité humaine. Ce double respect apparaît à chaque page dans les textes sacrés. Nous aurons l'occasion de parler à un autre endroit du respect du travail. Quant à celui dû à la dignité humaine, la citation de quelques versets bibliques suffira à le démontrer.

L'esclave israélite devait être considéré et traité comme un homme dont le service était cédé à location temporairement, à terme fixe, — comme le service d'un journalier d'après le texte (Lév. xxv. 40) — dont la durée de servitude ne pouvait pas dépasser six ans maximum ; l'esclave, c'est-à-dire le serviteur pris à gages, était le commensal de son maître et de sa famille, il devait être traité avec bonté et avec douceur, être exonéré de tout travail humiliant ou dégradant (Kiddouschin 20ᵃ et 22ᵇ), voir aussi Lév. xxv. 39 et 43 et le commentaire Raschi à ce verset, et finalement à sa sortie (libération) il devait être chargé par son maître de riches cadeaux. (Deut. xv. 13.)

Il n'était guère possible d'aller au delà de cette limite sans heurter de front des usages invétérés et risquer de faire avorter les intentions du législateur. Une législation, tout en poursuivant un idéal, ne doit imposer au peuple en faveur duquel elle légifère que ce qui est conforme à sa mentalité à l'époque de la promulgation de la loi.

En attendant d'atteindre cet idéal, la législation mosaïque a adouci jusqu'à la dernière limite le sort de l'esclave-serviteur. Cet adoucissement était même accordé à l'esclave païen, bien qu'il n'y eût pas de réciprocité de traitement : « Tu ne livreras pas l'esclave qui s'est enfui de chez son maître (esclave même païen), il demeurera à côté de toi dans la ville de ton pays qu'il choisira lui-même, là où il se trouve bien, tu ne l'opprimeras pas » (Deut. XXIII, 16, 17) et le Talmud (Guittine 45 a) en interprétant ce texte, ajoute, même un esclave des peuplades *cananéennes* qui viendrait de l'étranger pour se réfugier dans le pays d'Israël.

Nous voyons aussi qu'il est du devoir de l'israélite de libérer un esclave au même titre qu'il est obligé de racheter un captif, fût-ce au prix de grands sacrifices (id. 37[b]). Il doit saisir toutes les occasions pour libérer un esclave. (Le Moyen Age a-t-il abusé de l'obligation des israélites de se racheter les uns les autres !)

2. *La tolérance concédée aux israélites de prêter de l'argent à intérêt à des non-coreligionnaires.*

Récemment, M. A. Bloch, grand rabbin de Belgique, dans une conférence donnée au local du C. I. A. de Bruxelles et ultérieurement au local de l'Université populaire de Laeken, a traité ce sujet d'une manière lucide et suffisamment explicite. Nous nous dispensons de le traiter à nouveau à fond, nous devons nous contenter de retracer les principes dans leurs grandes lignes :

Israël, habitant son pays, était essentiellement et presque

exclusivement un peuple d'agriculteurs et, entre parenthèses, si dans l'exil il ne l'est pas resté, c'est qu'on l'avait
privé de tous les moyens de conserver ce caractère. Or, les
agriculteurs ne contractent d'emprunts en argent, en
semence et en articles alimentaires qu'à la suite de mauvaises récoltes ou de périodes de maigres moissons, ainsi
qu'aux époques de disette et de misère. L'agriculteur ainsi
éprouvé, avait à la réapparition d'une année bénie assez
de peine à rembourser le capital emprunté pendant les
mauvaises années. Exiger de lui le payement de gros
intérêts en sus du capital, une mesure pareille l'aurait
infailliblement conduit à la ruine ; la législation paternelle
du pays ne l'a pas voulu. L'israélite ne doit pas spéculer
sur le malheur de son frère ni vouloir tirer profit de ses
embarras ; au contraire, il doit lui venir en aide sans
esprit de lucre en lui procurant ce qui lui manque. C'est le
devoir et non l'intérêt qui doit le guider.

Mais la question change de face dès qu'il s'agit de
rapports entre un israélite et un non-coreligionnaire, le
principe de la réciprocité n'existe plus alors, le pacte tacite
d'échange de procédés de pure fraternité est rompu. Dans
ces conditions, le moraliste le plus rigoureux ne pourrait
plus trouver dans ce changement de procédé ni une
atteinte portée au principe de l'égalité, ni une offense faite
à la loi de justice et de charité. Une seule question subsiste,
celle de savoir, s'il est licite de retirer un profit de son
bien ? La réponse à cette question ne peut pas être douteuse. Comme l'israélite n'a ni le pouvoir ni le droit de
réclamer à un non-coreligionnaire un prêt soit d'argent
soit d'objets en nature à titre gratuit, et comme en outre
aucune loi ni civile ni religieuse n'oblige le non-israélite

à accorder une faveur de cette nature à un israélite ou encore à un étranger : il s'ensuit qu'en toute justice et équité, à moins de se placer dans une situation économique inférieure, l'israélite peut user du même procédé à l'égard de son frère non-coreligionnaire.

La vie moderne n'a plus cette simplicité pastorale de l'époque de la Bible, les prêts sont faits aujourd'hui pour des entreprises industrielles, commerciales ou financières. Dans ce cas, l'acceptation d'un intérêt rémunérateur peut être considérée comme une participation à l'entreprise et devient par conséquent licite. Ce n'est plus l'exploitation de la gêne et de la misère de son prochain, mais une association d'affaires. Le capital et le travail s'entr'aident pour le profit des deux parties et pour le bien de la Société. Ce sont deux facteurs d'égale importance et d'égale nécessité se complétant l'un l'autre pour produire le résultat désiré. Toutefois le Talmud défend strictement toute usure, même à l'égard d'un païen. (Baba Mezia 70 b.)

Si pendant le Moyen 'Age cette défense n'a pu être observée en son intégralité par les israélites, c'est que toutes les circonstances concouraient non seulement à opposer des difficultés à son observation, mais encore à la rendre impossible. En effet les législations inhumaines du Moyen Age à l'égard des Juifs, avec l'approbation de l'Eglise, non seulement ne laissaient pas d'alternative à ces malheureux opprimés, mais les *forçaient* à prêter de l'argent à intérêt ou à usure, comme c'était l'expression à cette époque, et cela dans un double but, par l'Eglise, pour les rendre odieux à la population, et par les princes et les seigneurs pour les pressurer.

Le troisième objet de critique vise

3. *La tolérance de la polygamie dans la législation mosaïque, c'est-à-dire la latitude accordée par la loi à l'israélite d'épouser légalement plusieurs femmes.*

Cette tolérance, comme celle de l'esclavage, est une concession faite à des usages sociaux de l'époque. Elle était imposée par les mœurs sociales de l'époque, mais comme l'esclavage, elle était destinée à disparaître du moment que des mœurs plus raffinées montraient le manque d'esthétique de cette institution. A l'époque du second temple les cas de polygamie étaient déjà rares. Le Christ en défendant la polygamie n'a fait que suivre et sanctionner le courant d'esprit des Ecoles de l'époque. La Genèse rapporte : Dieu a donné au premier homme une compagne unique, « l'homme quitte père et mère pour s'attacher à sa femme » (II. 24) mot toujours employé au singulier. La possession de deux ou de plusieurs femmes était considérée moins comme objet de luxe, encore moins comme excitation à la luxure, que comme moyen naturel d'acquérir une nombreuse progéniture. Car, chez les israélites, la possession d'une nombreuse famille comptait comme une faveur spéciale du ciel, comme une bénédiction divine. La chose s'explique d'une manière naturelle, sans renfermer le moindre mysticisme. A l'époque de l'enfance de la Société, alors que les hommes étaient encore peu nombreux sur la terre, c'est le travail, le travail exclusivement, qui pouvait donner la richesse aux hommes, constituer leur force et leur procurer le pouvoir. Or, les instruments de travail, à l'époque dont nous parlons, étaient en première ligne les bras de l'homme, puis encore la force défensive et offensive de l'homme résidait dans la vigueur musculaire de ses biceps, et comme la richesse et la force conduisaient à la considération et au pouvoir, comme c'est encore le cas aujourd'hui, la possession d'enfants nombreux constituait le bien le plus enviable des familles, la puissance la mieux appréciée. Dieu bénit les hommes et leur dit : soyez féconds, multipliez, remplissez la terre et l'assujettissez. » (Gen. I. 28.)

« Voici des enfants sont un héritage de l'Eternel,
le fruit des entrailles est une récompense.
Comme les flèches dans la main d'un guerrier,
ainsi sont les fils de la jeunesse.
Heureux l'homme qui en a rempli son carquois !
Ils ne seront pas confus
quand ils parleront avec des ennemis à la porte (des villes). » (Ps. CXXVII. 3 à 5.)

« Ta femme est comme une vigne féconde,
dans l'intérieur de ta maison ;
Tes fils sont comme des plants d'olivier,
autour de ta table. » (Ps. CXXVIII. 3.)

La polygamie fut abolie légalement et définitivement par Rabbi Guerschon ben Jehuda en 1028. D'ailleurs, de tout temps la polygamie faisait l'exception et la monogamie la règle.

Mais si l'on va au fond des choses, la polygamie ne continue-t-elle pas de subsister, non plus en vertu d'une tolérance légale, mais de fait par une tolérance tacite et hypocrite ? La Morale est-elle mieux sauvegardée selon le premier ou le deuxième mode ?

A) La lenteur du travail dans l'introduction de l'idée sociale dans l'humanité.

Après avoir déblayé notre route, nous pouvons reprendre notre thèse :

La loi naturelle, c'est-à-dire, le droit du plus fort, en raison de l'inégalité qu'elle a tolérée et soutenue dans la société humaine, a indirectement favorisé l'injustice, aussi était-elle condamnée à disparaître dès que la connaissance du droit se fut développée dans la société et qu'elle a su se rendre compte que l'injustice est incapable de servir de guide à la Société sans la détruire. Le principe de l'égalité des hommes leur a fait entrevoir au loin le principe de la *justice* et leur a fait comprendre que lui seul possède le pouvoir de protéger efficacement la Société et de la conduire vers ses hautes destinées.

Le processus de la transformation du droit *naturel* dans le droit *rationnel* fut lent. Il était peu aisé de persuader au fort de faire le sacrifice de ses avantages naturels au profit du faible, de convaincre le puissant de faire abandon de ses privilèges en faveur du débile, de l'amener à reconnaître que l'égalité entre les hommes découle du fait que leur origine est semblable et qu'elle conduit par conséquent au principe de la justice et le corrobore. Ce processus ne se fit pas tout seul par un simple travail d'évolution. Il fallut pour hâter l'œuvre de transformation, des chocs venant du dehors, des convulsions sociales, des révoltes intestines, des soulèvements violents des opprimés contre leurs oppresseurs. Cependant les inerties et les résistances n'ont pu être vaincues ni les injustices terrassées entièrement par les secousses révolutionnaires ;

l'égoïsme est tenace, ne se rend que contraint et forcé, et si finalement il est obligé de céder, il cherche à prendre sa revanche d'un autre côté.

Aussi l'histoire nous apprend-elle, que la Société dans sa constitution et son organisation rationnelles n'a pu avancer qu'à petits pas, à telles enseignes qu'aujourd'hui le but idéal, le règne de l'égalité et de la justice dans la Société n'est encore atteint nulle part. Les législateurs sont des hommes et comme tels ne sont pas capables de s'émanciper complètement des étreintes de l'égoïsme, de se dominer au point de consentir spontanément à se placer en file et en rang avec le commun des hommes. Ils auront toujours la velléité de favoriser dans les lois la classe à laquelle ils appartiennent, la classe des privilégiés. Et si, aiguillonnés par des coups d'éperon, ils se cabrent et parviennent parfois à s'affranchir des tenailles de l'égoïsme, les hommes appelés à appliquer la loi et dont d'ordinaire la mentalité est encore de moins bon aloi que celle des premiers, détruisent de nouveau l'équilibre. (Les administrations en Russie.)

Et si en fin de compte, l'égalité est admise comme principe dans la législation, si elle est appliquée intégralement dans la pratique, par ce fait seul, le sort du pauvre ne s'améliore pas de beaucoup. En effet, garantir la vie à quelqu'un que les occupations exposent à chaque instant à des dangers, c'est une pure ironie ; promettre l'invulnérabilité à quelqu'un qui est entouré de toute part de périls menaçants, tels que les crée le déchaînement d'éléments naturels, les flots, le feu, le grisou, c'est de la raillerie ; assurer la liberté à un pauvre diable qui pour gagner sa subsistance et celle de sa famille est réduit à dépendre d'hommes égoïstes et cruels, c'est de la moquerie ; promettre la protection de la propriété à un sans-culotte, c'est de la moquerie ridicule, sinon une insulte sanglante, ou promettre la sauvegarde de l'honneur à celui qui par la force des circonstances est obligé de le prostituer au bon plaisir de la personne à laquelle il est livré, pieds et poings liés, c'est rire de la misère humaine.

B) Les conditions d'une législation capable de résoudre le problème social.

Seule une législation qui parviendrait à assurer à chaque individu de la Société non seulement l'égalité devant la loi, mais aussi une vraie *indépendance personnelle* lui permettant de jouir librement de cette égalité, seule une législation pareille serait parfaite, serait une législation idéale.

L'homme peut-il l'établir? Nous n'osons pas répondre par le mot « impossible » ; mais, en vérité, nous ne prévoyons aucun concours de circonstances propres à résoudre ce problème à la satisfaction de la généralité des hommes : ni l'état actuel de la Société, ni les progrès de la science n'entr'ouvrent la perspective de sa réalisation. Il subsistera toujours l'antithèse des faits, l'antagonisme de la réalité. Rien ne sert de changer les lois sociales à chaque génération ou de s'attacher à transformer l'esprit dominant dans la Société à chaque renouvellement des saisons. Comme une inégalité naturelle existe entre les hommes, inégalité dans les forces physiques et psychiques de chaque individu, les changements et les transformations seraient toujours à recommencer, ce serait un vrai travail de Pénélope.

Hommes législateurs, libéraux ou conservateurs, socialistes ou anarchistes, humiliez-vous ; évoluez, orgueilleux, légiférez, transformez, perfectionnez les lois sociales, vous ne parviendrez pas, même approximativement, à établir par vos seuls efforts un état social parfait parmi les humains. La tâche est au-dessus de vos forces : le but ambitionné est trop haut et les moyens dont vous pouvez disposer sont trop restreints.

Le principe de l'égalité, s'il veut produire des fruits profitables à tous les hommes, doit s'appuyer sur une base moins fragile que celle que lui permettent d'établir les facultés débiles de l'homme. L'antithèse entre le droit de l'individu et celui de la collectivité, pour se concilier complètement, a besoin d'une autorité supérieure à celle de l'homme, supérieure en savoir, supérieure en pouvoir et supérieure en vouloir.

C) Les avantages de la législation juive.

Nous essayerons de démontrer que la législation juive, consignée dans la Bible et dans le Talmud, résoud le problème social en théorie d'une manière parfaite et en pratique d'une manière aussi satisfaisante que les vicissitudes de la vie sociale et l'évolution de la mentalité des hommes dans les différentes époques le comportent.

La législation juive a pour objet deux espèces de lois, celles dont la pratique ne concerne que les israélites à l'exclusion des autres peuples et celles dont l'application se généralise, engageant uniformément les israélites et les étrangers.

Les premières comprennent les lois qui ont rapport au culte et à ses cérémonies, aux fêtes et autres solennités publiques et privées, aux observances de pureté et d'impureté, aux prescriptions qui sont en connexité avec le territoire de la Palestine ; les secondes ont trait aux prescriptions éthiques, à leur pratique pour les faire entrer dans les mœurs du peuple juif ; les plus marquantes de ces lois éthiques, essentielles pour le maintien de la Société, sont connues sous le vocable de lois *noéchites*.

Les lois qui ont rapport au culte et au pays de la Palestine, ainsi que les lois de *haute* moralité ne lient que les israélites sans posséder un pouvoir obligatoire pour le reste de l'humanité ; leur non-observance n'amoindrit en rien la valeur personnelle de ces peuples ; les lois *noéchites*, au contraire, engagent indistinctement tous les hommes, les païens comme les israélites.

Nous n'avons à nous occuper ici que de la législation éthique et encore uniquement de la partie qui a trait à la question sociale.

L'égalité des hommes découle de la doctrine de l'origine commune de tous les hommes ; elle est placée à la base de l'édifice moral ; elle crée la fraternité et la solidarité des hommes et combinée avec l'amour de Dieu produit la charité.

La Sociologie moderne, sans s'appuyer explicitement sur l'idée biblique, ne trouve pas d'autre principe pour en faire découler le principe de l'égalité des hommes que l'origine commune de tous les hommes, et de même que la Bible, elle enseigne la fraternité et la solidarité des hommes comme des doctrines dérivées de la même source.

Ben Assaï, commentant le verset 1 du chapitre V de la Genèse : « Voici la généalogie des hommes », proclame que l'égalité des hommes est la source de la morale »

(Talmud Jérus. Nedarim 89). De fait, les hommes sont égaux entre eux, ils sont composés des mêmes éléments physiques et psychiques et soumis aux mêmes lois naturelles ; une présomption démesurée seule pourrait élever la prétention que l'un a du sang bleu dans les veines et l'autre du sang simplement rouge. Comme il n'en est pas ainsi, comme tous les hommes descendent du même couple, de quel droit, se demande-t-on, les orgueilleux pourraient-ils établir des castes et des classes distinctes et bien tranchées, qu'est-ce qui les autorise à construire sur une base aussi problématique sinon fausse leur édifice social ?

Le Talmud, pour démontrer l'illogisme et l'absurdité d'une pareille doctrine adresse la question aux orgueilleux : Pourquoi, demande-t-il, la Bible ne parle-t-elle que d'un couple unique sorti des mains du Créateur? et il répond pour eux : afin que les uns ne puissent pas se déclarer supérieurs aux autres en disant, nous descendons d'un tel couple et vous d'un autre couple (de moindre noblesse). (Sanhédrin 38ᵇ).

La différence en plus ou en moins comme valeur intrinsèque de l'homme, ne dérive pas du hasard de la souche, mais bien de la somme des forces physiques dont l'individu est doué, ainsi que des capacités intellectuelles qui lui ont été réparties, mais surtout de la façon dont il fait usage de ces forces et de ces facultés pour accomplir sa destinée.

L'égalité des hommes dans la mesure que la Nature l'a établie doit trouver son application dans la vie sociale. Ainsi, tous indistinctement, par le fait de leur naissance, ont droit à la vie, à la subsistance et au développement naturel de leurs facultés ; par contre, tous ont aussi le devoir de contribuer, chacun dans la mesure de ses forces, au bien-être de la collectivité. Les droits et les devoirs doivent correspondre entre eux et se balancer.

Voilà le principe, la théorie. Mais le fait, la pratique, se constitue autrement. L'égoïsme de l'homme, seigneur tyrannique, admet volontiers la reconnaissance de ses droits, au besoin la réclame avec autorité, il est même porté à s'en exagérer l'importance à son profit ; mais ses dispositions changent comme par enchantement, dès qu'on lui demande de maintenir en équilibre les deux plateaux de la balance, celui sur lequel sont étalés les droits et celui qui porte l'énumération des devoirs sociaux, on voit alors que l'homme, même le moins égoïste, est enclin à changer d'idée et de procédé ; on s'aperçoit bien vite qu'il ne se fait pas scrupule de réclamer les premiers, de les exiger au besoin, et de se dérober s'il peut aux seconds, de discuter ses obligations, de chicaner sur la question de leur opportunité, de leur valeur et de leur importance.

D) L'image de Dieu dans l'homme.

Un autre facteur est indispensable pour servir de soutien aux devoirs et à leur reconnaissance, à l'effet de leur procurer satisfaction.

Le Socialisme, tel qu'il s'est formé dans les temps modernes et tel qu'il s'est montré dans le passé sous d'autres formes, cède trop facilement aux suggestions de l'égoisme, il est toujours sur la brèche pour réclamer l'égalité, lorsqu'il s'agit de ses revendications, mais se montre moins empressé lorsqu'on lui demande l'accomplissement de ses *devoirs* sociaux. On peut encore lui reprocher qu'il ne s'occupe que d'une seule classe sociale, la classe des ouvriers, en faveur de laquelle il réclame des droits sans lui imposer en même temps l'accomplissement de ses devoirs.

La qualification de socialiste ne revient pas à cette catégorie de personnes, le nom de *parti des ouvriers* serait plus juste. Pour mémoire, il faut encore mentionner le parti des Anarchistes. Celui-ci ne veut reconnaître lui non plus, comme obligatoire, que la première partie de l'égalité : il exige impérieusement la reconnaissance des droits de l'homme, il les revendique avec brutalité, ne reculant même pas devant le crime. Son but est de bouleverser tout et de niveler toutes les situations et lorsqu'il sera parvenu à ses fins, qu'il aura détruit tout et fait retourner le tout au chaos et au néant, il s'occupera de constituer un nouvel état de choses sur les ruines de l'humanité. Il ne voit pas, l'insensé, que la revendication des droits sans offrir en échange des devoirs de la même valeur, constitue une iniquité, le produit d'une aberration, d'une insanité. Le droit est inséparable du devoir, il forme le premier terme d'une équation algébrique dont le second terme est le devoir. Il ne voit pas non plus que la construction d'un nouvel état social est un travail d'Atlas pour lequel les épaules des pygmées sont trop faibles.

Le second facteur appelé à asseoir le Socialisme sur des bases solides, c'est la reconnaissance de la vérité et son admission sans réserve, que l'*homme est créé à l'image de Dieu.* Cette reconnaissance ouvre à l'homme un nouvel horizon, lui inspire la confiance en ses sentiments, en son intelligence, rend la lucidité à sa raison et facilite le discernement pour distinguer entre ce qui est bon et ce qui est mauvais, entre ce qui est juste et ce qui est injuste, relève et augmente la force de sa volonté morale et, comme résultante naturelle de ces propriétés et facultés, lui assure la disposition incontestée du libre arbitre.

Comme chaque individu, par l'effort de son jugement, apprend à connaître ce qui est bon, juste, vrai et honnête et que sa volonté possède une dose suffisante de force pour acquérir ces qualités, il en résulte que chaque individu a le devoir d'être bon, juste, vrai et honnête et d'agir suivant les suggestions de sa raison.

C'est le point de vue auquel se place la loi morale générale enseignée par la Bible.

E) Le libre arbitre.

Nous n'ignorons pas que la philosophie soulève des objections nombreuses contre l'admission de la thèse qui octroie à l'homme le libre arbitre. Une infinité d'esprits distingués se sont occupés de cette question, à commencer par Aristote et en passant par Maïmonide jusqu'à Kant. Les doctrines de prescience et de prédestination paraissent s'opposer comme des barrières infranchissables à l'admission du libre arbitre. Les philosophes naturalistes lui opposent en outre l'hérédité ou l'atavisme, d'après lequel l'homme dans beaucoup de cas est irresponsable de ses actes. Les criminalistes, ballottés comme ils sont entre ces opinions si divergentes, sont déroutés et se mettent à la recherche d'un nouveau principe directeur pour leur servir de boussole.

Cette question ne pouvait pas échapper à nos docteurs de la Loi. Citons entre autres textes le passage suivant dans la Mischna Aboth III. 19 : « Tout est prévu et (cependant) la liberté (le libre arbitre) est donnée (à l'homme). Le

monde est jugé avec bonté et tout se règle d'après le
nombre des faits (actes) ».

Cette Mischna est attribuée à Rabbi Akiba.

« Tout est prévu et la liberté est donnée ».

D'après Maïmonide les difficultés qui naissent de l'opposition des deux doctrines en présence, de la prescience de
Dieu et de la liberté morale de l'homme, s'aplanissent
tout naturellement. Il reconnaît la co-existance des deux
doctrines. Dieu est prescient, par conséquent il prédestine
les événements. Cette doctrine trouve son application dans
l'ensemble du gouvernement du monde. Les forces dépo-
sées par Dieu dans la Nature guident et gouvernent l'Univers suivant un plan supérieur, préconçu par le souverain
Maître, mais ce plan n'est connu à l'homme que tout juste
dans la mesure nécessaire pour qu'il sache et soit persuadé
que le but assigné à ce plan tend au *bien idéal*. L'homme
de son côté est libre de ses mouvements dans la sphère
de son activité — cette sphère est naturellement fort
limitée — : il peut se perfectionner, monter graduellement en dignité personnelle, pratiquer le bien, préparer
par des combinaisons de son intelligence et par les forces
de la Nature mises à sa disposition, la pratique de bonnes
œuvres et la marche en avant du progrès général de
l'humanité ; comme il peut aussi donner libre cours à ses
mauvais instincts et à ses passions, se dégrader ainsi dans
sa personnalité morale, il peut commettre de mauvaises
actions, portant atteinte à sa propre dignité et aux intérêts
d'autrui. Toutefois les bonnes et les mauvaises actions des
individus, connues d'avance de Dieu, sont combinées,
arrangées et conduites par lui de sorte, qu'elles condi-
tionnent et déterminent la réalisation du plan préconçu

par lui et qu'elles soient conduites dans la direction voulue suivant ce plan et vers le but fixe qui lui est assigné par Dieu.

S'il était permis de faire une comparaison entre des objets inanimés et des créatures vivantes, entre des choses inconscientes et des êtres responsables, on pourrait prendre la mer comme objet de comparaison. Celle-ci est composée d'une infinité de gouttes d'eau qui sont libres de leur mouvement (manière de parler, car en vérité elles sont soumises aux lois générales de la pesanteur (inertie) et de la propulsion par le vent et les courants), l'activité de ces gouttes cependant reste *concentrée* dans le *bassin* de la mer qu'elle ne peut pas franchir.

« C'est avec bonté que l'Univers est jugé ».

C'est la raison pour laquelle les désirs de chaque individu ne peuvent être accomplis que dans une mesure restreinte ; Dieu ne veut pas que leur réalisation produise rien d'inique ou d'injuste, au contraire, il veut qu'elle prête son concours à l'avancement du bien dans l'ensemble de l'Univers.

« Et tout se règle d'après le grand nombre des actes. »

Comme Dieu, en répandant des bienfaits parmi ses créatures a en même temps en vue le bien général, de même les bonnes œuvres des hommes qui ont l'individu pour objet, doivent viser également la généralité des hommes, c'est-à-dire le bien général de la Société. Une action unique, détachée de l'ensemble des œuvres humaines, quelque grande, héroïque même que puisse être cette action, ne rend pas l'homme grand ou bon, car cette action pourrait n'être que l'effet d'une grande affection, d'une poussée irrésistible. Ce sont les actes pris dans leur ensemble qui donnent à l'homme la valeur morale[1].

Quant à l'irresponsabilité plus ou moins effective des hommes au point de vue de leurs actes, irresponsabilité résultant soit de l'hérédité, soit de l'insuffisance du discernement de l'homme, comme Jérémie le reconnaît déjà lorsqu'il dit (x. 2.) « Je le sais, ô Seigneur, la voie de l'homme n'est pas (entièrement) en son pouvoir, ce n'est pas à lui (uniquement) à diriger ses pas. » Quant à cette irresponsabilité, disons-nous, sans vouloir en nier ni en méconnaître l'existence dans sa totalité, nous ne devons pas non plus exagérer ni son importance ni sa puissance. L'atavisme, pour nous permettre une image, peut agir sur les nerfs et sur l'esprit de l'homme comme la buée sur la surface d'un miroir ; elle peut en diminuer momentanément la transparence, mais elle n'est pas capable de la lui enlever entièrement. La saine raison, le sentiment du devoir, l'éducation et, *last not least,* l'idée religieuse, remédient à l'atavisme, comme le tampon efface la buée et rend à la glace sa transparence et son brillant.

Ainsi, comme nous venons de le voir, les devoirs de l'homme envers la Société dérivent du principe de l'égalité des hommes comme origine et de l'autre vérité proclamant qu'ils possèdent le libre arbitre à un degré suffisant pour qu'il leur impose la responsabilité de leurs actes. A ces *devoirs généraux* doivent correspondre d'une manière adéquate des *droits généraux.*

Faisons un pas de plus dans notre raisonnement. Comme l'égalité humaine dans son origine dérive du fait que chaque homme est créé à l'image de Dieu et que

1. Dans l'argumentation de la thèse qui précède, nous avons suivi le commentaire de la Mischna de M. Nobel, rabbin à Halberstadt.

comme résultante du même fait tous les hommes sont en possession du libre arbitre, nous sommes en droit d'appeler ces droits de l'homme les *droits de Dieu*.

Ces droits sont le patrimoine de tous les hommes indistinctement et, comme tel, leur possession doit leur être reconnue et la jouissance assurée. Quiconque les en prive, viole un droit de Dieu.

Le péché originel qui forme un dogme chrétien, d'un côté n'enlève rien à la force du libre arbitre, et d'autre part n'efface qu'imparfaitement dans l'homme l'image de Dieu, il ne peut donc en rien diminuer les droits de l'homme. Au surplus, le Judaïsme ne reconnaît pas ce dogme, il admet que le péché (en général) trouble l'équilibre psychique de l'homme et par cela trouble en quelque sorte en lui la pureté de l'image de Dieu, mais il ne peut pas admettre qu'il la détruise. La doctrine du péché originel non seulement est caduque au point de vue psychique, mais elle est contraire au texte de la Bible, même pour ceux qui admettent dans un sens littéral le récit des événements dans la Genèse. En effet nous trouvons l'expression : « Dieu a créé l'homme à son image » lorsque le texte parle de la création de l'homme (Adam) — Gen. i. 27 — texte répété une seconde fois dans la même forme longtemps après la chute, en parlant des descendants d'Adam — Gen. ix. 6 —, ce qui n'aurait pu être dit, si par le péché d'Adam l'humanité eût définitivement perdu ce sceau céleste.

Ce dogme ne peut pas se concilier non plus avec d'autres textes, tels que le verset 2 du même chapitre de la Genèse, le verset 16 du chap. xxiv du Deut., le verset 20 du chap. xviii en Ezéch., les versets 6 à 9 du Psaume viii et autres ; il est aussi contraire à la justice de Dieu.

Nous avons énoncé plus haut que la loi sociale a pour but la conciliation des antithèses entre les droits que revendique l'homme fort et puissant en raison de ses avantages physiques ou intellectuels et les droits que réclame le faible et qui doivent lui être reconnus en sa qualité de créature humaine, titre suffisant pour lui faire reconnaître par la Société *protection* et *sollicitude ;* elle a en outre pour but de neutraliser, sinon de détruire l'antagonisme entre les différentes classes de la Société, qui en est la résultante naturelle. Dans une Société bien constituée, ce n'est pas la force brutale ni même la force intellectuelle, ni davantage la *volonté de tel ou de tel individu* qui devraient gouverner et dicter la loi, mais c'est bien la pensée dominante de l'élite de la nation et son désir de faire progresser l'ensemble de la Société, c'est la volonté de ces élus, comme expression préférée de la collectivité, qui devraient être l'idée inspiratrice et la régente de toute législation sociale.

La doctrine juive, d'accord avec les sains principes de la Sociologie, a pour but de réaliser cette conciliation entre les antithèses et entre les antagonismes ennemis et de fait elle est parvenue à s'approcher d'assez près de ce desideratum. Dans sa sagesse elle s'est abstenue de parler des droits du fort et du puissant, elle ne pouvait ignorer que ceux-ci savent se les procurer et se les conserver sans l'intervention de la loi ; elle ne les leur conteste pas, elle leur en assure même une jouissance complète; mais sa tâche principale est de prendre soin des faibles et des déshérités, de s'appliquer à refréner l'avidité de jouissance et de domination des puissants ; de mettre de strictes limites à leurs droits, et de veiller à ce qu'ils ne

soient point outrepassés au préjudice des faibles. Elle pare
à tous les abus des grands, sauvegarde les intérêts des
petits dans toutes les éventualités et dans toutes les situations de la vie. Les doctrines qu'elle proclame ne constituent
pas de simples vœux, l'expression de maximes platoniques,
mais elles se traduisent en prescriptions, en ordonnances
et en commandements concrets prenant la forme d'obligations ayant force légale. Elle fait un pas de plus : la
garantie de l'égalité devant la loi ne lui suffit pas, elle se
dit avec raison, que l'égalité des citoyens devant la loi,
l'égalité des droits et des devoirs, ne peut guère suffire à
établir une égalité réelle et effective parmi les hommes et
à procurer à chaque individu son dû en vertu des prescriptions de la loi sociale. Elle se dit que si la loi n'assure
que l'égalité devant la loi en protégeant la vie, la propriété
et la liberté du développement individuel de chaque homme
dans la Société, le déshérité ne saurait que faire de cette
égalité. Sa propriété absente n'a pas besoin de protection,
la liberté qu'il était obligé d'aliéner entre les mains du fort
en échange d'une maigre subsistance matérielle ne peut
guère lui profiter, le travailleur haletant sous la pression
de la besogne et ployé sous la charge écrasante de son
labeur sans fin et sans relâche, n'a pas le loisir, même
s'il en avait le désir, de consacrer, ne fût-ce que quelques
heures par jour, au développement de ses facultés intellectuelles et à son éducation morale. L'égalité dans ces
conditions est pour lui une ironie sanglante, elle lui impose
tous les devoirs et ne lui accorde aucun droit efficace. Elle
se dit encore que, si l'une ou l'autre classe sociale, prise
individuellement, se rendant compte de sa puissance mo-
mentanée, veut exercer une pression sur l'ensemble de la

Société, que peut faire la loi d'égalité contre cette pression abusive?

Il résulte de ces considérations que la loi d'égalité n'a de valeur et ne peut produire de bons effets, que si elle parvient à fournir aux déshérités de la fortune et aux vaincus de la vie les moyens de tirer profit et avantage du principe de l'égalité.

La loi juive a cette tendance et possède aussi la force de la réaliser. Elle restreint le pouvoir du fort par des lois tangibles, de l'autre côté, par des prescriptions concrètes, elle aide le pauvre et le misérable à obtenir la pleine jouissance de leurs droits. Comme on voit, elle agit dans les deux directions, elle impose des devoirs au premier et octroie des droits au second. Par des dispositions formelles de sa législation, elle parvient à inspirer un esprit d'humilité au riche et à relever le sentiment de dignité du pauvre. Le nivellement, non des positions sociales, mais de la dignité personnelle de tous les membres de la Société et l'octroi à tous des moyens de jouir légalement des biens de la terre : voilà l'objet de ses soucis et le but de ses efforts. C'est le sens des paroles du prophète Isaïe lorsqu'il s'écrie : (XL. 4) « Aplanissez la route, que toute vallée soit exhaussée et que toute montagne et toute colline soient abaissées, que les hauteurs se transforment en plaines et les coteaux en pays plats. »

Nous ne pouvons nous dispenser de faire quelques citations de textes à l'appui de notre affirmation.

F) Les lois qui ont pour objet le traitement des étrangers.

« La même loi existera pour l'indigène, comme pour l'étranger en séjour au milieu de vous. » (Ex. XII. 49).

« Tu n'opprimeras point *l'étranger* ; vous savez ce qu'éprouve l'étranger, car vous avez été étrangers dans le pays d'Egypte. » (Ex. XXIII. 9).

« Quand tu feras la moisson dans ton pays, tu laisseras un coin de ton champ sans le moissonner et tu ne ramasseras pas ce qui reste à glaner. Tu ne cueilleras pas non plus les grappes restées dans la vigne, et tu ne ramasseras pas les grains qui en seront tombés. Tu abandonneras cela au pauvre et à *l'étranger*. Je suis l'Eternel votre Dieu. » (Lév. XIX. 9, 10).

« Comme l'indigène parmi vous sera *l'étranger* qui séjourne avec vous, tu aimeras pour lui ce que tu aimes pour toi-même. » (Lév. XIX. 33).

« Vous aurez la même loi, *l'étranger* comme l'indigène ; car je suis l'Eternel votre Dieu. » (Lév. XXIV. 22).

« Si ton frère s'appauvrit et que sa main fléchisse à côté de toi, tu le soutiendras (fortifieras), *l'étranger* et le cohabitant, afin qu'ils vivent avec toi. » (Lév. XXV. 35).

« La même loi sera pour vous tous, pour *l'étranger* comme pour l'indigène. » (Nomb. IX. 14 (seconde partie).

« Il y aura une seule loi pour l'assemblée de la nation et pour *l'étranger* qui séjourne (parmi vous) ; ce sera un statut perpétuel pour vos générations ; il en sera de l'étranger comme de vous devant l'Eternel. Il y aura une seule loi et une seule ordonnance pour vous et pour l'étranger en séjour (parmi vous). » (Nomb. XV. 15, 16).

« Vous aimerez *l'étranger* ; car vous avez été étrangers dans le pays d'Egypte. » (Deut. X. 19).

« Tu te réjouiras devant l'Eternel, ton Dieu, toi, ton fils, ta fille etc. et *l'étranger*, l'orphelin et la veuve ». (Deut. XVI. 11).

« Tu n'opprimeras point le mercenaire pauvre et nécessiteux, qu'il soit l'un de tes frères ou l'un des *étrangers* demeurant dans ton pays, dans tes portes (villes). Tu lui donneras le salaire de sa journée avant le coucher du soleil ; car il est pauvre et son âme languit à le recevoir ; il pourrait crier à l'Eternel contre toi et tu te chargerais d'un péché. » (Deut. xxiv. 14, 15).

« Tu ne porteras pas atteinte au droit de *l'étranger*, de l'orphelin et de la veuve, tu ne prendras pas en gage le vêtement de la veuve. » (id. 17).

« Lorsque tu auras achevé de lever toute la dîme de tes produits, la troisième année, l'année de la dîme (des pauvres), tu la donneras au Lévite, à *l'étranger*, à l'orphelin et à la veuve, ils mangeront et se rassasieront dans tes portes. » (Deut. xxvi. 12).

« Maudit soit celui qui porte atteinte au droit de *l'étranger*, de l'orphelin et de la veuve. » (id. xxvii. 19).

Et il n'y a pas lieu de se tromper sur la signification du mot *étranger*, la loi explique que sous ce nom est comprise toute personne qui n'est pas née dans le pays, mais qui vient d'un pays étranger avec l'intention d'y séjourner (Raschi Exode xxii. 20 fin) et cet étranger fût-il ton ennemi ou ton ancien oppresseur : « tu ne traiteras pas avec dédain l'égyptien, car tu as été étranger dans son pays. » (Deut. xxiii. 8).

Salomon dans sa prière à l'occasion de l'inauguration du temple n'oublia pas *l'étranger* et pria à son intention. (Rois i, viii. 41 à 43).

G) La protection des droits des pauvres.

La plupart des versets cités en faveur de l'étranger s'appliquent, comme nous venons de le voir, au pauvre, à l'orphelin et à la veuve.

Faisons suivre ces citations de quelques autres qui s'appliquent spécialement aux nécessiteux :

« Rendez justice au faible et à l'orphelin, faites droit au malheureux et au pauvre. » (Ps. LXXXII. 3).

« Sauvez le misérable et l'indigent, délivrez-le de la main des méchants. » (id. 4).

« L'Eternel fait droit aux opprimés, il donne du pain aux affamés. » (Ps. CXLVI. 7).

« Il protège les étrangers, il soutient l'orphelin et la veuve. » (id. 9).

« Apprenez à faire le bien, recherchez la justice, protégez l'opprimé ; faites droit à l'orphelin, défendez la veuve. » (Isaïe I. 17).

« Détache les chaînes de la méchanceté, dénoue les liens de la servitude, renvoie libres les opprimés, et que l'on rompe toute espèce de joug ; partage ton pain avec celui qui a faim, et fais entrer dans ta maison les malheureux sans asile ; si tu vois un homme nu (insuffisamment vêtu), couvre-le et ne te détourne pas de ton semblable. » (id. LVIII. 6-7).

H) La Loi prêche la paix aux hommes au sens propre et au sens figuré.

« La paix, la paix aux éloignés et aux proches. » (Isaïe LVII. 19).

« Tous les peuples afflueront vers lui (l'Eternel). » (id. ii. 2 et Michée iv. 1).

« Le loup se couchera à côté de la brebis, le lion et le bœuf se nourriront au même râtelier. » (Is. xi. 6, id. lxv. 25, Michée iv. 3-4).

« Tous les peuples reconnaîtront le même Dieu et l'adoreront. La division entre les humains pour raison de divergence de religion cessera entièrement. » (Is. chap. xi comme ci-dessus et Michée iv. 3-4).

« Ma maison sera appelée une maison de prières pour tous les peuples. » (Is. lvi. 7). « N'avons-nous pas un seul père, un même Dieu ne nous a-t-il pas créés, pourquoi serions-nous perfides l'un envers l'autre? » (Mal. ii. 10).

Le Talmud respire le même esprit de tolérance et de douceur de mœurs, il proclame les mêmes principes d'égalité entre les hommes.

En voici quelques citations : « On est obligé de secourir les pauvres d'autres races et de croyance comme les indigents israélites, d'entourer de soins leurs malades et de leur procurer la guérison, de rendre les derniers devoirs à leurs trépassés et de leur procurer une pieuse sépulture. » (Guittine 61 a).

« Si quelqu'un fait appel à ta charité pour sa subsistance, tu n'as pas le droit de t'enquérir de sa croyance. » (Baba Bathra 9 a).

« On ne peut refuser ni les sacrifices ni les offrandes des païens » (Menachoth 73 b) ni leur concours pour la restauration du temple. » (Er'chin 6 a).

« Un bâtard de haute culture et de vertu l'emporte en dignité sur un pontife ignorant. » (Horayoth 13 a).

« Lourde est la faute et la peine grande de celui qui

afflige (par des paroles) ou qui opprime (par des actes) l'étranger ; dans le premier cas il se rend coupable de trois transgressions, dans le second cas de deux. » (Baba Meziah 59 b).

A ceux qui remplissent les fonctions de *juges,* la Loi recommande de traiter une cause d'une importance minime (par rapport au montant de la somme) avec la même sollicitude et avec la même minutie qu'une cause dans laquelle sont impliqués de grands intérêts matériels. « Le denier du pauvre a pour lui autant d'importance qu'une forte somme d'argent pour le riche. » (Sanhéd. 8 a).

Du moment que les autorités, en méconnaissance du principe de l'égalité, font une distinction dans le traitement des parties, témoignent des égards aux puissants et du dédain aux faibles, par ce fait le principe de l'égalité est outragé et la sainteté du droit souillée. Il s'ensuit un déplacement d'autorité, la crainte de l'homme remplace la crainte de Dieu pour s'établir gardienne de la Justice. (Sota 47ᵇ).

Le principe de l'égalité trouve sa plus haute expression dans l'estime et la grande considération accordées au savant, fût-il païen, à telles enseignes que le Talmud proclame qu'un savant païen mérite les mêmes égards et est digne des mêmes marques de respect que le pontife lui-même. (Aboda Sara 3 a).

Une bénédiction spéciale est prescrite à la vue d'un savant non israélite, elle est ainsi conçue : « Sois loué, Seigneur notre Dieu, maître de l'Univers, qui as donné en partage à des mortels de ta souveraine sagesse. »

Le Talmud impose aux israélites le devoir de reconnaître en tout homme une image de Dieu ; il réserve en outre la félicité de l'au delà indistinctement à tous les justes de la terre. (Sanh. 105 a).

Le traité d'Aboth (éthique des pères) renferme un grand nombre de sentences et de maximes qui prêchent l'amour du prochain sans permettre de distinction entre les coreligionnaires et les adhérents d'autres cultes :

« Juge tout homme avec indulgence. » (i. 6).

« Sois un disciple d'Aaron, c'est-à-dire, sois partisan de la paix et aime les hommes. » (i. 12).

« Réserve à tout homme un accueil bienveillant. » (i. 15).

« Accueille tout le monde avec joie. » (iii. 16).

« L'homme possède une grande valeur et est certes la créature de prédilection de Dieu, car il a été créé à l'image de Dieu. » (id. 18).

Si la conscience d'être créé à l'image de Dieu est de nature à inspirer à l'homme un sentiment de dignité de sa personne, comme aussi celui de son obligation de travailler avec persévérance au perfectionnement de la partie spirituelle de son être, elle lui enjoint par la même considération de respecter son prochain, d'honorer en lui cette même dignité qu'il possède lui-même, elle lui prêche l'humilité comme conséquence de la dignité et du mérite personnels, lui prescrit l'amour du prochain à côté de l'amour de soi-même. « Ne méprise personne, sois humble devant tout homme. » (iv. 3, 4).

Intercalons encore une citation, pour bien marquer à quelle haute estime nos grands maîtres ont porté le principe de l'égalité et avec quels égards ils parlent des pauvres. Nous lisons dans le livre connu sous le nom de « Yad Hachasaka », Hilchoth Mathanoth Aniyims, p. 10 (Maïmonide) : « Les plus grands parmi les maîtres (savants) sont origi-

naires de la classe des travailleurs manuels, parmi lesquels on trouve des bûcherons, des manœuvres charpen-
tiers, des irrigateurs de jardins, des ouvriers charbonniers
et des ouvriers de ferronnerie. »

Nous croyons avoir démontré dans les pages qui pré-
cèdent :

1, que toute loi dans une société bien constituée doit
nécessairement être une loi d'égalité ;

2, que la loi d'égalité sociale, telle que la raison l'enseigne, est en harmonie avec la loi divine telle qu'elle est
déposée dans la Bible ;

3, que toute loi qui impose des devoirs aux individus
doit leur reconnaître des droits correspondants à ces
devoirs ; la Bible réalise ce problème ;

4, dans tous les cas où l'individu, par impuissance, ne
peut pas jouir de ses droits, la loi doit intervenir pour lui
en procurer la jouissance.

III. Théorie et Application

A quel degré le côté d'application de la législation juive s'harmonise-t-il avec la théorie qu'elle enseigne ?

Sur le papier les belles théories se lisent bien, causes et effets s'y enchaînent naturellement, les circonstances interviennent à souhait pour coopérer au succès du problème, tous les détails s'adaptent à merveille pour construire un ensemble parfait. Il n'y a pas d'accroc à craindre, chaque pierre de l'édifice est à sa place, chaque pièce de charpente bien calée.

Mais arrive la mise en pratique de la théorie, la scène change, l'adaptation se disloque, la charpente se disjoint, l'harmonie des détails se rompt pour montrer des disproportions insoupçonnées, des heurts imprévus, des chocs inattendus.

Platon s'est construit ainsi dans son imagination un État modèle, une Société idéale, un État régi uniquement par la raison, une Société gouvernée par la subordination de l'individu à la collectivité, celle-ci divisée en trois classes, la classe intellectuelle, la classe agricole et la classe militaire ou, pour être plus explicite, la classe qui éclaire et qui enseigne, celle qui pourvoit à l'alimentation et celle destinée à défendre la collectivité contre les attaques du dehors. Cette division est connue dans les Ecoles allemandes sous la dénomination : le « *Lehr* », le « *Naehr* » et le « *Wehr*stand ». L'Etat était tout, l'individu était considéré comme partie vouée à la dévotion de la collectivité. Vertu et bonheur, en couple harmonieux, gouvernaient la Société en souverains absolus.

Quel homme bien pensant et quel homme de cœur ne se sent pas meilleur à la contemplation d'un Etat pareil ? Malheureusement la vertu n'est pas encore la souveraine maîtresse des humains et le bonheur a de rudes combats à soutenir contre les infirmités corporelles et contre les défaillances morales.

Les plus nobles d'entre les hommes ne se faisaient pas illusion sur la praticabilité de cette Société rêvée par le sage Athénien. Marc-Aurèle dit déjà : « N'espère pas la réalisation d'une Société d'après Platon, contente-toi de voir avancer la Société à petites étapes et félicite-toi du moindre progrès qu'elle réalise ; qui est-ce qui peut changer les principes des hommes, et sans une transformation de ces principes peut-il y avoir autre chose que servitude accompagnée de soupirs et une obéissance hypocrite ? » (Méditations, livre IV, chap. 20).

Mais, bien que la République selon Platon ne constitue qu'un Etat idéal, irréalisable dans la pratique, il ne s'en suit pas qu'il faille rejeter son système en bloc. L'idéal a cela de commun avec la Divinité qu'il agit en force attractive irrésistible sur l'homme moral, sur tout homme supérieur. Il forme un foyer de lumière qui attire le regard du législateur, qui le captive et l'éclaire et qui, pour cette raison, est appelé à l'inspirer. Le législateur avisé empruntera à l'idéal ce qui peut être réalisé à chaque époque.

La conception du Socialisme moderne, selon les doctrines d'une élite de philosophes et de philanthropes de l'époque moderne et contemporaine, est un idéal à l'instar de la République de Platon, il n'est réalisable qu'en partie, par petites doses, à la suite d'une évolution lente mais certaine [1].

Le principe de l'égalité des hommes considéré comme idéal, se justifie pleinement. Nous nous plaisons à y revenir. La Nature dans la distribution de ses dons n'établit pas de favoritisme entre les classes humaines, en ce sens qu'elle n'offre pas à l'une des privilèges qu'elle refuse à l'autre. Les fleurs, les fruits se produisent sans préférence sur les arbres du pauvre comme sur ceux du riche, et l'enfant né dans une chaumière jouit des mêmes avantages naturels que l'enfant bercé sur les genoux d'une duchesse. La Nature ne connaît ni caste, ni classe parmi les hommes, et le Destin, pareil à une roue ailée, tourne sans cesse, portant aujourd'hui au pinacle de la grandeur et de la fortune, tel que, par son mouvement de rotation, elle fera descendre le lendemain d'un échelon et que sans pitié elle écrasera le surlendemain. (Sabbath 151 b).

La Nature et le Destin soumettent au même sort chaque homme pareillement : *naître,* sans qu'il ait été consulté, *vivre* et se débattre dans la vie sans que son avis soit demandé, *mourir* et disparaître indifféremment s'il y donne son assentiment ou non. (Aboth IV. 29 fin). De quel droit, se demande-t-on, l'un veut-il accaparer à son profit exclusif des droits et des jouissances que la Nature a offerts à la

1. Quelques-unes de ces doctrines même sont franchement erronées et leur réalisation apporterait un mal irrémédiable à la Société.

généralité des hommes sans établir de préférence ? l'un a le superflu, pourquoi ? l'autre manque de tout, pour quelle raison ?

Oh, l'idéal serait beau, si les antagonismes entre les hommes pouvaient disparaître, les antithèses se concilier et une égalité et une harmonie parfaites s'établir entre eux ! Nous verrons dans la suite de notre Étude que cet espoir en son ensemble est une chimère, un beau rêve, mais condamné à rester un rêve ; une partie de ce rêve seulement est réalisable, mais en raison de la possibilité de sa réalisation, les efforts de tous devraient tendre à la traduire en faits tangibles, en réalisant à chaque époque ce qui convient à la mentalité et aux nécessités de la Société du moment.

La partie réalisable dont nous parlons se résume en ceci : chaque créature humaine sans distinction et sans exception devrait obtenir une part équitable des dons de la Nature, celle qui est requise pour la satisfaction de ses besoins indispensables et pour le développement progressif de son individualité ; car, par le fait de la naissance, l'homme a droit à la vie et à son développement naturel. Dans la théorie, c'est un droit absolu, indiscutable et irrécusable. Mais pour passer dans le domaine de la pratique, la théorie rencontre tant d'obstacles, naturels ou créés par la volonté des hommes, qu'elle ne parvient pas ou qu'en partie seulement à franchir les portes de l'idéal ; le plus souvent l'anémique théorie reste une conception heureuse et généreuse sans action et sans effet sur la réalité.

C'est le sort de beaucoup de principes, ils sont beaux en eux-mêmes, mais difficilement réalisables. Tel entre autres le principe de l'amour du prochain : « Aime ton prochain comme toi-même » [1]. Son exécution stricte et rigoureuse dépasse les forces humaines et le plus souvent reste un simple desideratum.

Kohéleth dit : « Il est bon que tu retiennes ceci et ne négliges point cela. » (VIII. 18). Il est sage d'appliquer cette parole à la question qui nous occupe. Retenons la théorie, ne nous laissons pas ravir notre idéal, mais ne négligeons pas non plus la pratique, recherchons les moyens de concilier d'une manière pratique les deux parties du problème.

En ce qui concerne la théorie, l'homme doit s'efforcer de se mettre dans la situation du prochain, d'éveiller en son cœur une vive compassion pour lui, de prendre part à ses douleurs, à ses soucis, à ses joies et satisfactions, de les partager avec lui, en un mot, de considérer et de traiter son prochain comme une partie de la collectivité humaine, comme une parcelle de la généralité ; et, en ce qui concerne *la pratique,* il doit déployer tous ses efforts à réaliser de ce principe ce qu'il est en son pouvoir de réaliser.

La législation juive, comme toujours, a trouvé la note juste, elle rend pleine justice à la théorie, l'érige en principe social et, d'autre part, cherche à en réaliser ce qui est du domaine de la réalité.

Personne ne conteste que l'égalité des hommes entre eux n'existe dans la nature qu'en ses grandes lignes, mais qu'elle n'est pas réalisée en toutes ses conséquences et dans tous ses détails. Un individu diffère de l'autre par les forces physiques, par les facultés et aptitudes intellec-

1. Nous avons démontré dans un autre écrit *(la Caractéristique de la charité juive,* page 5) que cette maxime est mal rendue et erronément interprétée.

tuelles et par le degré d'intensité de la sensibilité ; et cette différence ne dépend pas de la diversité de classe, de caste ou de race des personnes ; elle peut exister entre deux frères, entre deux sœurs, elle peut continuer à exister d'une manière quasi-permanente à travers les âges et dans des contrées différentes, elle existe encore entre les sexes.

A propos de la différence des sexes, touchons au féminisme, autre question d'actualité.

L'homme, qui est destiné à remplir dans la Société un rôle différent de celui qui est dévolu à la femme, a reçu de la Nature des organes et des aptitudes appropriés à ce rôle et qui sont conséquemment différents de ceux répartis à la femme. Ces organes, ces facultés, ces aptitudes distinguent les deux sexes quant aux fonctions attribuées par la Sagesse divine à chacun d'eux.

Le Féminisme, tel que les féministes de nos jours le conçoivent et le prêchent, entre dans la catégorie de ces utopies dont les rêveurs meublent de temps en temps le monde imaginaire. La Bible est restée dans le vrai en proclamant : « Et Adam règnera sur toi (Eve) » ou en d'autres termes : le sexe qui est le représentant de la force sera le sexe *protecteur* et le sexe qui en manque sera le sexe *protégé*. La force dont parle la Bible comprend autant la force intellectuelle que la force physique, la grandeur et l'importance des devoirs sociaux qui incombent à l'homme en sa qualité de protecteur autant que la charge matérielle qui lui est dévolue. — Les sauvages qui réduisent les femmes à une espèce d'esclavage en leur imposant tous les travaux du ménage, des champs, du transport, etc., offensent gravement les lois d'une sociologic saine, ils se rendent coupables du crime d'abus de force ; mais dans les pays civilisés, constitutionnels ou non, on ne manque pas moins gravement aux saines lois sociales en dotant les femmes de droits politiquement égalitaires. Le mal est des deux côtés. Si chez le fort l'abus de la force fait des victimes, chez le faible, c'est la convoitise, l'envie et la jalousie qui se montrent les ennemies de la paix sociale.

La législation juive se distingue sous le rapport du féminisme d'une manière fort avantageuse des législations anciennes et même modernes. Elle assigne à chacun des deux sexes la place qui lui revient suivant les indications de la Nature ; à l'un, le fort, la lutte pour la conquête de la subsistance et pour l'entretien de la famille, pour la défense du foyer domestique ; à l'autre, le faible, les soins de l'intérieur de la maison et du ménage, de la propreté et de l'hygiène de l'habitation et de la *première* éducation des enfants. Nous avons sommairement exposé cette législation dans notre ouvrage *l'Eldorado retrouvé*, pages 91 à 97.

Une égalité parfaite entre les hommes ne serait possible — nous appuyons de nouveau sur ce point —, que si tous les individus étaient formés sur un patron identique et unique ou moulés dans la même forme, ce qui n'est pas le cas ni physiquement ni psychiquement. Cette diversité dans la distribution des forces physiques et intellectuelles, d'ailleurs, est une nécessité absolue pour le progrès de l'humanité. Il est vrai qu'elle est la cause qui engendre la dissension entre les hommes, mais elle porte aussi en elle le remède pour guérir l'humanité de ses maux. Par la lutte qu'elle provoque, entre les individus et les classes, elle amène les uns et les autres, en vue d'améliorer leur position individuelle, elle les amène, disons-nous, à la réflexion, elle la leur impose, les oblige à faire valoir leurs forces et facultés particulières, à les développer et à les perfectionner au mieux de leurs intérêts respectifs. La somme additionnée des progrès individuels ainsi obtenus, constitue en quantité et en qualité le total du progrès social. Les luttes qui en sont résultées étaient des luttes nécessaires et bienfaisantes.

On est donc mal venu de se plaindre de l'inégalité des hommes entre eux, cette inégalité est un *bien*. Il ne s'agit que de créer une législation capable, d'un côté, de protéger les faibles contre les abus des forts et, de l'autre, d'encourager les premiers à améliorer leur situation individuelle, à élever le niveau de leur savoir, de leur sens moral et de leur habileté professionnelle ; c'est le moyen le plus sûr et le seul rationnel de se protéger contre les abus d'où qu'ils viennent. La conquête d'une supériorité en intelligence et en moralité doit être en fin de compte le but de la lutte ; car c'est cette supériorité qui finalement donne la palme à celui qui la possède ; elle en fait progresser le bien-être personnel et contribue à réaliser le bonheur de la Société.

Tous les maux sociaux que l'histoire a enregistrés dans ses annales et qui affligent encore de nos jours la Société humaine procèdent moins de l'inégalité des hommes que des abus dont elle a été la cause par suite de l'absence d'une législation sage, prévoyante, protectrice et encourageante, législation exerçant son action bienfaisante sur les mœurs. Cette lacune a toléré les abus du côté des avantagés du sort et provoqué l'éclosion et le développement des mauvais instincts chez les faibles.

La législation juive est faite d'un bloc, elle forme un ensemble admirable, étendant son action dans toutes les directions de l'activité sociale, réservant toutefois à l'action de l'avenir des modalités d'interprétation de dispositions légales qui seraient jugées nécessaires par suite de changements survenus dans la mentalité de la Société ou à la suite d'événements marquants ou encore en conséquence de grandes découvertes dans les sciences et dans l'industrie ; elle reconnaît l'existence de l'inégalité naturelle des hommes, inégalité restreinte mais suffisamment marquée pour être évidente, et d'un autre côté, elle étend son action dans une mesure suffisante sur les forts et sur les faibles pour concilier les intérêts opposés. Elle cherche à affaiblir l'influence néfaste des mauvais instincts chez l'homme et à réprimer efficacement l'abus de la force brutale. Si elle condamne le Socialisme révolutionnaire, le soulèvement violent contre les lois, l'emploi de moyens extra légaux pour la conquête de ses revendications, elle protège aussi les déshérités du sort et vient efficacement à leur aide. D'après elle, un soulèvement ne pourrait se justifier que s'il était dirigé contre un abus manifeste du pouvoir ou lorsqu'il s'agirait de s'opposer à une atteinte évidente portée contre un droit naturel. En dehors de ces deux cas, toute révolution est condamnable. Dans le principe et dans l'application, on le voit, la législation juive est juste dans les deux directions ; elle sauvegarde les intérêts des travailleurs et des humbles, et elle reconnaît les droits acquis par le travail, manuel ou intellectuel, ou encore par un fait de haute moralité : elle reconnaît le droit à la propriété.

Consciente de la nature humaine et cherchant à la

dominer, elle sait attaquer le mal à la racine dans le but de l'extirper. Elle ne s'abuse pas sur la cause des revendications, elle distingue entre le juste et l'injuste, discerne si c'est le besoin, le dénûment ou la privation du nécessaire ou encore si c'est un déni de justice qui porte le pauvre et le travailleur à la révolte, ou si la revendication produite est suggérée par une basse convoitise, par une honteuse jalousie ou par une vilaine envie. Dans ce dernier cas, elle lui dit : « Tu ne convoiteras point le bien de ton prochain. » (Ex. xx. 17). « Tu ne désireras point la maison de ton prochain, ni son champ, etc. » (Deut. v. 18). « Tu ne déroberas point » (id.), défense qui est suivie de près de nombreuses dispositions légales établissant une distinction rigoureuse entre le Mien et le Tien.

Ruben (fils de Lia), raconte l'histoire, rapporta à sa mère les « Dudaïm » qu'il avait trouvés dans les champs, Raschi commente ce verset et dit qu'il n'a rapporté qu'une brassée de cette plante et aucun autre produit de champ ni aucun fruit d'un arbre, parce qu'il ne trouvait que ces Dudaïm dans un champ neutre (sans maître). (Genèse xxx. 14).

Moïse conduisit les troupeaux de son beau-père dans le désert, afin, dit le Talmud, de les éloigner des champs et des prairies qui avaient leurs propriétaires.

Le Talmud explique encore que les villes de Sodome et de Gomorrhe ont été détruites, parce que leurs habitants voyaient d'un œil envieux le bien des étrangers. (Sanh. 100ᵃ).

IV. Les Moyens de concilier les antithèses sociales et quel peut en être le résultat.

Pour bien apprécier les avantages de la législation mosaïque, de l'interprétation qu'elle trouve dans le Talmud, de son développement et de l'application qui lui a été donnée à travers les âges, avantages réels et effectifs lui conférant sa valeur intrinsèque, et avantages relatifs, résultant d'une comparaison entre elle et les législations d'autres peuples, pour bien apprécier ces avantages, il est nécessaire de connaître les législations étrangères, anciennes et modernes. Nous ne pouvons avoir en vue dans notre Etude que la partie des législations diverses qui a trait à la Sociologie. Nous en donnons ci-après un aperçu succinct.

Dans l'Inde ancienne, sous la domination du Brahmanisme, la nation était divisée nettement en quatre castes, sans parler de la classe des impurs et des Parias qui étaient hors la Loi. — Ces castes ne pouvaient pas se mêler, l'individu qui était né dans une de ces castes était condamné à y rester, à s'y figer; aucun effort personnel, aucun mérite, aucun service public rendu ne lui permettaient de s'élever d'une classe inférieure à une classe supérieure.

Ni facultés intellectuelles, ni penchants et goûts naturels, ni aptitudes spéciales ne pouvaient le faire sortir d'une caste et le faire admettre et incorporer dans une autre. C'est par hérédité qu'on entrait dans une caste, qu'on y restait, qu'on y mourait et qu'on léguait son état à ses descendants jusqu'à la consommation des siècles. Les droits des membres d'une caste différaient des droits des membres des autres castes ; les impurs et les Parias, nous l'avons dit, étaient hors la Loi. L'État en son ensemble, comme bloc, pouvait avancer, pouvait progresser, mais les distances qui séparaient les castes ne diminuaient jamais, celles-ci restaient parallèles. Les sciences étaient cultivées, mais exclusivement au sein de la même caste et ne pouvaient avoir qu'une minime influence sur le sort des autres castes. Un État pareil, édifié sur une inégalité manifeste et permanente, ne pouvait prospérer dans le vrai sens du mot, car le progrès réalisé dans une des castes ne pouvait profiter qu'à la caste intéressée, les autres en étaient à peine touchées ; un État pareil était condamné à une stabilité immuable et, on ne l'ignore pas, toute stabilité est un recul, par le seul fait que l'avancement des voisins accroît la distance entre eux et vous. (Aboth i. 13 « Vedilo mosif yosef »).

Les Egyptiens, dont nous admirons encore aujourd'hui la solidité de l'édifice national, l'éclat de la haute culture dans les sciences et dans les arts, par le même vice d'organisation, leur division en castes, ne pouvaient prospérer que partiellement, sans pouvoir d'entraînement sur l'organisation sociale en son ensemble ; l'empire était condamné à sombrer et à disparaître.

Les Assyriens, les Babyloniens, les Elamites, ces derniers sous la législation d'Hamourabi et de ses successeurs, par suite de l'excès de sévérité de leurs lois sociales, par suite de l'application rigoureuse et souvent monstrueuse de la loi du talion non mitigée, ne pouvaient pas non plus se maintenir comme empire ni leur loi perdurer : ils disparurent à leur tour eux et leur législation.

Les Chinois, en s'immobilisant, ont perdu leur force d'expansion et, comme pour tout peuple un stationnement prolongé sur place amène une paralysie, la disparition de l'empire chinois, comme corps compact, comme agglomérat de nationalités, menace de devenir un fait accompli au bout de peu de temps, à moins qu'il ne se décide promptement à évoluer.

Les Grecs et les Romains, en dépit de leur haute culture, du grand nombre et de la haute valeur de leurs hommes d'État, de leurs guerriers, philosophes, législateurs et artistes, n'ont pu résister à la désagrégation de leur édifice social ; bâti sur le système non plus de castes, mais de *classes* distinctes, cet édifice élevé sur le sol mouvant de la division et du glissement perpétuel de droite à gauche, d'avant en arrière et vice-versâ, s'est disloqué et a dû s'écrouler. Toute organisation d'État, édifiée sur un principe d'inégalité permanente ou sur la force brutale, ou encore sur un système d'injustice pendant une période prolongée, doit à la longue péricliter et disparaître.

Un système bâti sur la justice peut seul envisager l'avenir avec sérénité et confiance, son œuvre est inébranlable et si en outre la charité fournit une partie de la charpente à l'édifice, c'est-à-dire si elle offre son concours dans la confection des lois et dans l'implantation des mœurs ; si à côté de la justice assise sur la chaise curule, la grâce siège comme assesseur autorisé à donner son avis dans les arrêts, l'édifice social non seulement est solide, mais encore il est parfait dans son architecture, dans l'appropriation des détails et dans son ornementation.

Parmi les législations anciennes et ajoutons sans crainte d'un démenti, parmi les législations modernes, la loi de Moïse, des prophètes et du Talmud, malgré son âge trente-deux fois séculaire, se distingue particulièrement par ces deux qualités : elle est juste et équitable, et ce que la justice pourrait avoir de trop sévère, y est tempéré par la charité. Elle n'a rien emprunté aux législations, ses contemporaines ; celle à laquelle elle aurait pu faire des emprunts ou s'en inspirer — la législation égyptienne — est, comme nous avons vu, basée sur des principes qui sont diamétralement opposés à ceux qui inspirent l'esprit de la loi juive.

La législation juive n'a rien emprunté non plus à la législation Elamite (Assyrienne, Hamourabi). Il n'est pas impossible que celle-ci ait été connue de Moïse, mais tout prouve qu'elle n'a pu lui servir de modèle ou d'inspiratrice pour la sienne ; nous voyons que chacune poursuit son chemin, parfois, en de rares exceptions, dans une direction parallèle, mais le plus souvent dans des lignes divergentes.

Ni les efforts de Schiller dans sa « Sendung Moses » tendant à montrer des analogies entre les lois de Moïse et celle des Egyptiens, ni ceux du Dr Friedrich Delitzch tendant à prouver d'une façon tapageuse que la loi de Moïse dépend en tous points de la loi assyrienne, n'ont réussi ; en étudiant leurs essais de près, on découvre leur inanité.

Et le peuple à qui a été octroyée cette législation si

merveilleuse de sagesse, si adéquate aux besoins sociaux non seulement d'un peuple, mais de l'humanité, était, à l'époque de sa promulgation, à peine sorti de l'esclavage, délivré de la servitude de l'Egypte, pays auquel, selon la nature des choses, il aurait dû emprunter les mœurs et son système religieux. Eh bien, nous ne pouvons nous lasser de le répéter, sa loi se distingue en des points essentiels, fondamentaux, de la législation de son ancien maître. Si l'une, la loi de ses maîtres, a forgé des chaînes, si elle a parqué la nation comme des troupeaux distincts dans son système de castes ; l'autre, la loi de ses anciens esclaves, a brisé les liens de servitude et a proclamé l'unité du genre humain, l'égalité des hommes par rapport à leur origine, à leur rang social et à leurs obligations vis-à-vis de la loi. Le système religieux contenu dans les deux législations n'est pas moins radicalement différent : mystères et idolâtrie grossière dans l'une, clarté dans les dogmes religieux, clarté se rapprochant du rationalisme dans l'autre ; évidence de corruption éhontée de mœurs d'un côté, pureté éthique de l'autre.

Pour revenir à la question sociale, la loi de Moïse a proclamé d'une manière non équivoque que « l'homme est créé à l'image de Dieu » et que le genre humain est issu du même couple ; elle a placé ainsi à la base de sa législation morale et sociale, le principe de fraternité et de solidarité : « Aime pour ton prochain ce que tu aimes pour toi-même » (Lev. xix. 18); « Tous sont des enfants du même père » (Mal. ii. 10), et au sommet la justice sociale : « Aux mêmes devoirs doivent correspondre les mêmes droits ».

L'histoire a marché depuis la proclamation de la liberté

intellectuelle sur le mont Sinaï, depuis la promulgation de la loi égalitaire, elle a marché, elle a élevé telle nation au faîte de la civilisation, de la grandeur et de la puissance, fait choir telle autre dans l'abaissement et la servitude, ou encore obligé certaines à reculer et à retourner à la barbarie. Hellas, la superbe, la brillante dans les arts plastiques et dans l'art de revêtir des pensées élevées et subtiles d'un langage de beauté admirable, d'expressions choisies et de coupe harmonieuse, a disparu ; Rome, la puissante, la dominatrice du monde, est à son tour descendue de son piédestal, est tombée dans l'abaissement et a entraîné dans sa chute ses systèmes de politique et de jurisprudence.

Le petit État des Hébreux a été lui aussi détruit et ses habitants dispersés dans toutes les directions de la rose des vents. De nouvelles nations ont fait leur apparition sur la scène de l'histoire, y ont joué leurs rôles de héros ou de peuple médiocre et à leur tour se sont retirées ; des luttes incessantes pour la domination se sont succédé, des luttes de races, des luttes pour la conquête de la suprématie de telle ou de telle autre croyance religieuse, des luttes pour le triomphe de tel ou tel autre système de gouvernement, des luttes enfin entre les différentes classes sociales, incitées les unes contre les autres par un esprit de rivalité, des luttes entre les bourgeois et les nobles, entre les travailleurs, artisans et ouvriers d'un côté et les riches et les jouisseurs de l'autre, et finalement le grand coup d'éclair et de tonnerre à la fin du xviiie siècle est venu ébranler la Société dans ses fondements, renversant les barrières de castes, cet ancien système vermoulu des trois ordres, balayant les conceptions anciennes de l'ordre social et ouvrant une ère nouvelle de liberté, d'égalité et de fraternité.

Depuis lors, la civilisation a commencé sa marche ascendante, les classes se sont quelque peu déplacées, mais sans se confondre et sans marquer la disparition d'une lutte sourde entre elles. A la domination des hautes classes de la Société, la Noblesse et le Clergé, a succédé celle de l'argent, maître aussi tyrannique que les anciens ordres. Les classes guerroient aujourd'hui entre elles avec moins de brutalité et d'atrocité qu'autrefois — c'est déjà un progrès — mais avec autant d'intensité et d'acharnement qu'avant la Révolution : la classe travailleuse s'insurge contre la tyrannie du capital et celui-ci, tout en cédant sur quelques points intenables et indéfendables, s'efforce de maintenir sa position pour le reste ; nous voyons la même lutte âpre entre les races et les religions tirailler la Société dans tous les sens. La trompette sonne de toutes parts, mais c'est toujours la trompette d'airain, l'instrument guerrier, et non encore cette trompette argentine qui convie les peuples à une fête de paix, réunion de liberté, d'égalité et de fraternité. Si la Société s'est exercée à jouer de cet instrument à la fin du xviii° siècle, elle ne l'a fait depuis lors que par intervalles, tandis qu'une autre trompette, son ancienne, s'est fait entendre plus de trente siècles avant ses tremblotants essais, elle a retenti majestueusement sur le Mont Horeb en remuant et en inspirant pour toujours le petit peuple assemblé à ses pieds.

Si la lutte continue aujourd'hui dans la Société. et ne paraît pas être près de cesser, c'est que le Monde moderne est resté sous l'influence malsaine de Hellas et de Rome et se refuse obstinément à prêter l'oreille aux enseignements de la loi de paix promulguée à Sinaï.

Nous sommes encore toujours placés au pied du mur, en face d'un problème qui paraît insoluble, le grand problème de l'établissement de la paix et de l'union entre les différentes classes de la Société ainsi que du nivellement des inégalités trop accentuées dans leurs positions respectives. Ce problème, la Sociologie ne l'a pas encore résolu, elle n'a même pas encore donné de solution satisfaisante aux questions préliminaires, savoir :

1. Qui est-ce *qui* va résoudre ce problème et,

2. *Comment* va-t-on le résoudre ?

Les sociologues de profession sont loin d'être d'accord sur la question de savoir *à qui* incombe la mission de la solution du problème et sur cette autre : quels sont les *moyens* et les *mesures* propres pour obtenir le résultat désiré ?

Quant à la première de ces deux questions, à savoir, *qui* est appelé à résoudre le problème de conciliation entre les intérêts opposés, les professionnels hésitent à se prononcer d'une manière précise et catégorique ; ils sont même indécis au sujet de la voie à suivre : si une législation judicieuse et sage doit précéder l'évolution et lui venir en aide en transformant les mœurs du peuple, ou si, au contraire, la Société doit tranquillement attendre que l'évolution sociale ait préalablement préparé les esprits et ouvert les cœurs des hommes aux sentiments de justice et d'équité pour les rendre accessibles au progrès, attendre qu'elle ait inspiré les législateurs et les ait engagés à élaborer une législation adéquate et appropriée au nouvel état de la Société.

Quant à nous, nous inclinons pour la solution selon le premier système, qui paraît plus rapide et plus sûre, d'autant plus qu'on pourrait venir en aide à la législation par le concours de l'évolution dont on pressera la marche par une *instruction* intensive.

Nous avons dit que la loi mosaïque a eu une grande avance, disons une avance immense sur les lois sociales, telles qu'elles se sont formées sur le terrain lent de l'évolution dans les différents pays, y compris les pays les plus civilisés de notre Europe.

Il nous reste à démontrer de quelle façon elle s'y est prise et par quels moyens elle est parvenue à concilier des états qui paraissent irréconciliables, à mettre d'accord des antithèses qui se disputent depuis toujours la domination dans la question sociale et à établir l'harmonie entre les intérêts divergents des différentes classes qui composent la Société, c'est-à-dire à faire la paix entre le riche et le pauvre, entre le maître et le serviteur, entre le patron et l'ouvrier.

1) La nature et la portée des antithèses.

Mais il faut tout d'abord s'entendre sur la nature des antithèses sociales et sur leur portée. Il ne peut être question que des deux extrêmes et non des points intermédiaires ; il ne peut s'agir que des positions sociales des riches et des puissants d'un côté, c'est-à-dire de ceux qui disposent des moyens de satisfaire sans travail, ou sans travail rude, leurs moindres désirs, et de l'autre côté des pauvres et des dépendants, obligés de pourvoir à leur existence soit par le travail au gré de leurs maîtres, soit en subissant l'assistance gratuite dans le cas où ils ne possèdent plus la force de travailler.

Or, nous avons vu que la coexistence des forts, avec les avantages et les jouissances que leur force leur procure, et des faibles avec les ennuis que leur faiblesse leur attire, que cette inégalité entre les hommes, établie par la Nature et que pour cette raison nous appelons « inégalité naturelle », concourt au progrès de l'humanité ; d'ailleurs, on ne doit pas perdre de vue que les termes « riche » et « pauvre », « puissant » et « faible » n'ont qu'un sens relatif, que plusieurs personnes comparées entre elles, peuvent être tour à tour riches et pauvres, fortes et faibles, puissantes et humbles, le sens du mot dépend du point de comparaison. Personne n'est riche d'une façon absolue, car la réalisation de certains désirs lui reste toujours refusée et il n'y a d'absolument pauvre que le malade et l'infirme (Ps. xli. 2) ; la même relativité existe entre l'homme puissant et l'homme faible. Cette relativité arrondit les angles de l'antagonisme, adoucit ce qu'il pourrait avoir de trop aigu ou pointu, mais elle ne fait pas disparaître la disproportion des moyens dont les différentes classes disposent et par conséquent elle laisse subsister l'antagonisme entre elles.

Comment l'Etat juif, d'après la Bible, a-t-il trouvé le moyen terme pour concilier ce qui paraît irréconciliable ? Est-ce par la proclamation du principe de l'égalité parfaite dans sa législation ? mais nous savons que celle-ci n'existe pas en fait, ni dans la Nature ni dans la Société. Ou est-ce par la promulgation de la loi de la charité ? mais il n'est que trop vrai que tant d'intérêts divergents contrecarrent son application pleine et entière.

Avant de répondre à la question du *comment*, revenons encore à celle qui demande *qui*, c'est-à-dire quelle autorité doit proclamer l'égalité et *qui* doit promulguer la loi de charité et de paix universelles ? Nous savons qu'il serait peu sage d'attendre de l'*évolution* la solution de la question du travail, qu'il serait utile qu'une législation accompagnée d'un enseignement intensif la précédât afin d'accélérer la solution.

La législation en question doit-elle être l'œuvre d'un parti politique, c'est-à-dire d'une réunion de personnes ayant une communauté d'idées sur certaines questions politiques, mais qui dans leur majorité appartiennent à une seule et même classe, ou la législation doit-elle émaner du pouvoir central, du gouvernement? Dans le premier cas, il n'y a pas de doute, ce serait la classe dominante qui entreprendrait l'élaboration de la législation et qui ne manquerait pas de faire une œuvre de parti, s'adjugeant des prérogatives, des privilèges et des faveurs, et restreignant les droits de la classe déshéritée, et si toutefois, par un coup de fortune inespérée — révolution victorieuse — c'est la classe dépendante, la classe des faibles, qui parvienne à légiférer, ce serait infailliblement une législation de spoliation, de haine et de vengeance qui sortirait de ses délibérations. D'un autre côté, si c'est le gouvernement, en sa qualité de représentant légal de l'État, de la collectivité des citoyens, qui entreprend d'apporter une solution au problème, comment s'y prendrait-il, comment pourrait-il imposer sa manière de voir sans restreindre la liberté individuelle des citoyens, sans mettre des entraves au développement naturel des forces et des facultés de chaque individu ; en outre, comment pourrait-il légiférer à l'encontre des lois naturelles, vouloir par la force établir une égalité qui n'existe pas dans la Nature et qui, à peine établie, serait rompue et condamnée à être rompue par continuation? Quoi qu'on fasse, l'individualisme ne peut pas se renier, il réapparaîtra en toute occasion pour rompre l'égalité de fait.

Arrêtés que nous sommes par la première question, celle qui a pour objectif le point de savoir *qui*, c'est-à-dire quelle autorité est qualifiée pour légiférer sur la matière, nous n'avons pas à nous occuper encore de la seconde qui demande, comment et dans quel esprit la législation doit être conçue et élaborée ?

La Bible, se rendant compte de ce qui est possible et de ce qui est impossible, distinguant entre l'utopie et la réalité, entre le rêve et le positif, entre l'illusion et le fait tangible, n'essaye pas de donner au problème une solution définitive et tranchée, elle tend simplement à concilier les antithèses dans la mesure du rationnel. Ne déclare-t-elle pas elle-même qu'il y aura toujours dans la Société humaine des pauvres et des riches ? « il ne cessera pas d'avoir des pauvres dans le pays » (Deut. xv. 11) ; que l'égalité parfaite dans les positions sociales ne peut pas exister, qu'on doit se contenter d'établir des rapports de confraternité entre les hommes, d'éviter des distinctions artificielles entre ceux qui possèdent et ceux qui sont privés de biens. Et en effet, toute sa législation tend vers ce but. Elle prend pour objectif de ses efforts, le rapprochement des hommes ainsi que l'établissement de la fraternité entre eux sans descendre à employer la force brutale ou provoquer des crises révolutionnaires ; les moyens dont elle fait usage sont plus nobles et non moins efficaces ; ils sont tous d'ordre spirituel et moral, tels que la profusion de l'instruction, les moyens de persuasion, la culture du sentiment, l'éducation de la volonté, pour arriver au but ultime : l'éveil et la culture du *sentiment du devoir*.

On comprend par devoir le *sentiment* que le cœur éprouve de ce qui est bon, juste, noble et généreux ; la conscience et le *savoir* de ce que l'on doit en sa qualité de créature humaine et la *volonté* qui s'affirme en soi de traduire en des actes concrets ce sentiment, ce savoir et cette voix mystérieuse de la conscience. Ce sont ces trois facteurs qui créent le devoir.

Le devoir exige impérieusement l'accomplissement de ses prescriptions, il ne permet pas à l'homme de prêter l'oreille aux suggestions perfides de l'intérêt particulier ou des affinités individuelles ou encore de se réfugier derrière le paravent d'un prétexte, celui entre autres, que la législation du pays est muette sur tel ou tel devoir.

Ces actes cependant et la manière de traiter son prochain conformément aux prescriptions du devoir, exigent des individus auxquels ils sont réclamés, une force morale énergique, une force bien exercée et agissant par continuité, une force suffisamment secondée par la *volonté* ferme, de résister aux assauts de l'égoïsme, de la convoitise et de l'envie ; ces actes et la manifestation de ce traitement du prochain ne se rencontrent, hélas, que chez un nombre assez restreint de personnes dans la classe qu'on est convenu d'appeler les *élus* dans l'humanité. Cette classe, heureusement, est assez bien représentée chez les israélites, en particulier chez ceux qui sont fidèles à la loi. Ce fait s'explique tout naturellement : les israélites, du moins les fidèles, je devrais peut-être dire les pratiquants, sont dès leur enfance entraînés à se soumettre à la loi morale, à lutter contre l'égoïsme, contre la convoitise et contre l'envie, habitués aussi à pratiquer les œuvres de justice et de charité depuis leur jeune âge.

Les actes personnels et le traitement du prochain, tels que le devoir le réclame, constituent *les mœurs*, non encore de la nation, mais en attendant de *l'élite* de la nation dont sans contredit les israélites forment une partie notable.

Nous avons appuyé sur le mot *élite* de la nation ; car, d'après les lois d'évolution, le développement du sentiment du devoir ne s'opère pas brusquement et par sauts, mais par un travail latent et continu. Il commence son œuvre de gestation chez les personnes prédisposées à la sensibilité et à la culture intellectuelle ; ce travail achevé, l'opération mystérieuse se continue dans les milieux primitivement moins bien préparés, en se servant comme aides et auxiliaires des personnes déjà gagnées à la cause et ainsi, de couche en couche, l'évolution s'étend et finit par devenir générale. On peut se faire une idée de la lenteur du travail en songeant au nombre et à la solidité des agents opposés à l'évolution : l'absorption de l'homme par un travail incessant, les soucis poignants dont il est accablé pour trouver sa subsistance et, si celle-ci est assurée, l'éveil du luxe, véritable couveuse de l'égoïsme, puis les habitudes et les coutumes enracinées, enfin l'ignorance, qui éteint toute étincelle spirituelle et étouffe tout sentiment noble et généreux, comme toute aspiration vers ce qui n'a pas pour objet la satisfaction d'appétits matériels. On s'imagine sans peine que le grand principe de la solidarité et de la fraternité des hommes se bute à cet égoïsme et se trouve arrêté comme devant un mur d'airain.

Il est du devoir, devoir impérieux et inéluctable, de l'élite d'une nation, de ses penseurs et de ses philanthropes, de ses gouvernants et de ses chefs, de se dévouer de toute la force de leur pouvoir, de toute l'énergie de leur volonté, à chercher les moyens de produire l'éveil de la sensibilité morale dans la masse du corps social et de disposer à toutes les couches de la nation des principes moraux et de bons penchants — le prix en vaut la peine.

Avec l'éveil du sentiment du devoir dans le cœur du peuple, la question sociale sera en bonne voie d'être résolue. Cet éveil dira aux riches et aux puissants : Vous, favorisés de la fortune, usez de votre puissance, employez votre richesse et votre influence au profit et pour le confort de vos personnes et de vos familles, soit, personne ne vous contestera ce droit, mais n'oubliez pas de consacrer une partie équitable des avantages tombés dans votre lot au bien-être de vos semblables moins fortunés, l'esprit d'humanité et de fraternité vous y oblige. Il dira aux pauvres valides : usez des ressources mises à votre disposition, de votre force et de votre vigueur physiques, de vos capacités, aptitudes et habileté techniques pour vous créer une position la moins dépendante possible ; il leur dira : ne vous abandonnez pas à une résignation passive que des hommes débonnaires et pusillanimes pourraient vous conseiller ou qu'on voudrait vous prêcher au nom d'une religion mal comprise ; cette résignation est toujours stérile et déprimante. Abandonnez-vous moins encore à un abattement moral ; au contraire, faites preuve d'énergie, de persévérance dans la lutte pour votre relèvement moral et social. Il dira à tous : le salut est dans le travail, dans le déploiement intégral des forces dont l'humanité dispose, dans la lutte non entre les frères, mais contre les forces ennemies, la lutte pour la conquête des trésors détenus et cachés encore dans les entrailles do la terre et dans les forces inexplorées de la Nature. Il ne vous dira pas avec les égarés de l'antiquité, savants et hommes de la plèbe, que le travail manuel déshonore l'homme, mais il vous dira avec la législation mosaïque, que le travail l'ennoblit, le relève à ses propres yeux et aux yeux de la Société ; il élèvera la voix de plus en plus haut pour crier à tous, que le travail et la lutte sont le but de la vie humaine, sa destinée, son privilège et sa grandeur, il criera qu'ils sont les principaux facteurs du progrès et de la civilisation dans l'humanité. Il proclamera comme conclusion que le travail est un devoir imposé à tous, au riche comme au pauvre, que la modalité seule diffère, qu'il impose à l'un, au privilégié, l'œuvre d'avancement de la science, la mise à l'étude et l'élaboration d'une législation de justice pour la Société et à côté de la théorie la pratique d'œuvres humanitaires ; et qu'il prescrit à l'autre, au déshérité, de gagner par le travail sa subsistance et celle de sa famille, d'en assurer le bien-être et le confort et de préparer les voies à son émancipation morale et professionnelle. L'émancipation individuelle conduira tout doucement mais d'une manière sûre, à l'émancipation sociale.

2) Devoirs de mutualité entre les riches et les pauvres.

Le riche est obligé, en vertu du devoir de solidarité des hommes, d'offrir et, au besoin, de créer l'occasion de faire gagner par leur labeur au pauvre valide, au travailleur intellectuel et à l'ouvrier manuel, la subsistance nécessaire et suffisante, sans aller jusqu'au luxe, de leur fournir les moyens de prendre part dans une mesure équitable aux jouissances matérielles que la Nature met si généreusement à la disposition de l'homme, ainsi qu'aux jouissances plus raffinées, les jouissances spirituelles, qui plus encore que les premières donnent du prix à la vie, qui l'embellissent et qui constituent sa valeur réelle. L'ouvrier et le patron, à titre égal, y ont un droit naturel. Au riche incombe en outre le devoir d'accorder aide et protection au travailleur pauvre, de le traiter avec bonté et urbanité, de le considérer en toute chose, non comme son inférieur, mais comme son égal. Il est interdit au riche, en vertu du devoir social, sans attendre que la loi pénale le lui défende, d'abuser de l'ouvrier pauvre, de ses capacités et de son savoir-faire, de s'en servir comme d'un outil pour s'enrichir, ou encore de lui imposer un surmenage ou un travail peu en rapport avec le salaire stipulé, en un mot de le traiter en subalterne attitré, en inférieur naturel, en esclave ou en paria. Il est son frère et son égal en valeur sociale. Et si l'ouvrier, par l'usure de ses organes de production à la suite de l'âge, d'une maladie, ou encore à la suite d'une infirmité, est devenu incapable de fournir la part de travail qui lui est répartie, le riche a l'obligation morale — pour l'israélite c'est une obligation formelle et légale — de lui fournir ce dont il a besoin pour sa subsistance et pour adoucir son triste sort. Il peut s'acquitter de ce devoir individuellement ou en participant à des œuvres sociales de collectivité. Cette obligation devrait pouvoir lui être imposée, comme dans la législation juive, en vertu d'une loi formelle.

Le pauvre, s'il est valide, a de son côté l'obligation de fournir une mesure de travail social qui soit adéquate à sa force productive et en proportion de la charge de sa famille dont l'entretien lui incombe, car il ne lui est pas loisible de s'en dégager pour l'imposer à autrui.

Et comme, suivant la conception du Judaïsme, le travail n'est pas une honte ni un stigmate d'infériorité sociale, qu'au contraire, il constitue un titre de noblesse, un signe de dignité, qu'il forme le terrain commun où se rencontrent tous les hommes, amis du devoir, l'ouvrier accomplira sa tâche le cœur en repos, le front serein ; il se considère comme l'égal de l'homme qui l'emploie ou qui lui fournit le travail ; il est son subordonné en hiérarchie sociale, son inférieur en richesse, peut-être aussi en capacité, en habileté et en force intellectuelle, mais non en *dignité personnelle* ; sous ce rapport il est son égal.

Sa qualité d'homme libre et conscient de ses devoirs lui impose la probité et l'honnêteté dans ses rapports avec son employeur, sa dignité morale lui dicte l'obligation d'accomplir sa charge librement acceptée avec énergie, assiduité et persévérance au mieux de son pouvoir. Une intervention de stimulants extérieurs, tels que la promesse de haute paie, d'avancement n'est pas incompatible avec la probité professionnelle, mais ne devrait jamais devenir la raison déterminante de ses actes.

Les pauvres devenus invalides et comme tels obligés de vivre des ressources non acquises par leur travail actuel, mais qui leur sont offertes par la société sous forme de secours accordés par des individualités ou par des sociétés de mutualité ou encore par des institutions philanthropiques — l'expression d'institutions de justice serait plus adéquate — ces pauvres-là, tous anciens ouvriers, n'ont pas à rougir de l'assistance reçue ; ils sont autorisés à considérer le secours comme une *réserve* mise de côté à leur intention, comme un témoignage tangible de la solidarité entre les hommes. Ils acceptent l'assistance avec reconnaissance, mais sans honte, heureux d'être l'objet d'une marque de confraternité, mais sans humilité excessive. Le bon sens leur dira d'être modestes, d'éviter des exigences prétentieuses, de ne pas faire montre d'une susceptibilité mal placée ni de se livrer à des critiques si le secours leur semble parcimonieux. Si la modestie et la sobriété sont des vertus générales séant bien à tous les hommes, elles doivent être les qualités prédominantes chez les déshérités de la fortune.

C'est vers ce but que doit être dirigée l'éducation du peuple : lui inculquer les bons principes de la morale sociale, et développer en lui des mœurs saines.

La conscience du devoir qui forme le fond de cette tâche et en est l'inspiratrice, est déposée en germe dans le cœur de chaque homme ; chez l'un elle reste à l'état rudimentaire, chez l'autre elle est plus vive et plus développée ; toutefois cette conscience, on ne saurait le méconnaître, est chez la majorité des hommes insuffisamment opérante, et chez tous elle a besoin d'être tenue en éveil et dans un état de sensibilité normale. Pour suffire à cette besogne, elle réclame le concours d'un facteur supplémentaire qui soit moins défectueux et moins faillible que n'est la raison humaine, on peut dire qui soit l'unique facteur de culture du sentiment du devoir, nous avons nommé la religion, c'est-à-dire, l'idée de Dieu, comme vraie source de la morale. Qu'on veuille bien ne pas confondre la religion avec certaines croyances mystiques et certaines pratiques toutes matérielles, parfois machinales, reposant sur la superstition ; mais bien la croyance vive et féconde en une Puissance, une Bonté et une Sagesse suprêmes. Celle-ci, mais non la foi aveugle, la foi sans le savoir conscient, est capable de produire l'amour de Dieu et l'amour de l'humanité. (Deut. vi. 5 et Lév. xix. 18).

Les athées eux-mêmes ne sauraient remplacer efficacement l'idée de Dieu par un autre principe comme fondement de la morale.

La religion fait dériver la morale de l'idée de Dieu et place le sentiment du devoir à la base de son système éthique, elle représente les devoirs sociaux que nous venons de préconiser, ceux qui incombent aux riches et ceux exigibles des pauvres, comme étant des actes religieux, des actes agréables à Dieu, par la pratique desquels l'homme trouve une satisfaction personnelle et s'attire la bienveillance divine. L'accomplissement de ces devoirs et leur pratique habituelle, ont produit dans la suite des temps les *mœurs* du peuple hébreu, mœurs qui, en ce qui concerne les rapports sociaux entre les différentes classes des hommes, sont jusqu'à présent restées un phénomène unique dans l'histoire : *elles réalisent en grande partie la conciliation des antithèses sociales.*

3) Le Travail.

Si *l'amour* est placé à la base de la religion, s'il lui donne sa valeur réelle, nous devons ranger le *travail* parmi les principaux devoirs religieux. Il est même le *premier* devoir social, quelque paradoxal, parce que nouveau, que cet axiome paraisse ; c'est aussi en quoi la religion mosaïque se distingue de toute autre religion et ce qui forme avec d'autres particularités sa caractéristique et... c'est notre conviction, sa supériorité.

Nous avons eu l'occasion de glorifier le *Travail* dans le chapitre précédent comme une institution sociale de première importance ; nous lui vouons dans les pages suivantes l'attention particulière qu'il mérite.

Le travail est considéré par l'homme primitif et, tout autant par l'homme à culture surchauffée et raffinée à l'excès, comme une charge à laquelle il ne consent à se soumettre que forcé, aiguillonné par ses besoins naturels et dont il se débarrasse dès que cette nécessité cesse de subsister. Cette antipathie, pour ne pas dire ce dégoût pour le travail, lui a fait chercher un moyen de se décharger de cette besogne désagréable. La violence ne l'a pas fait reculer. Le fort s'empare du faible et, en le réduisant à la servitude, l'oblige de faire la besogne à sa place et à son profit ; voilà l'origine de l'institution de l'esclavage. Tous les anciens peuples l'ont admise et exploitée, sans excepter les peuples de culture affinée, tels que les Grecs et les Romains, nous l'avons vu au premier chapitre et nous serons obligé d'y revenir tout à l'heure.

Cet état d'esclavage existe encore dans beaucoup de pays et ce n'est que depuis une époque relativement récente qu'il est aboli de fait dans des pays de culture et de civilisation avancées. La Révolution française, par sa déclaration des Droits de l'homme, a donné le dernier coup de grâce à cette institution, indigne de l'humanité. L'Eglise chrétienne l'a tolérée dans toute sa hideur et, jusqu'en ces derniers temps, n'a rien tenté pour hâter sa chute. Ce n'est qu'après les efforts heureux de l'esprit moderne, lorsque les mesures adoucies avaient déjà commencé à pénétrer dans la Société, que l'Eglise a joint ses efforts généreux à ceux de l'esprit de justice et de clémence do la Société moderne et a travaillé de concert avec lui. Les Anglo-Saxons, lecteurs assidus de la Bible, se sont distingués dans la poursuite de l'abolition de l'esclavage. L'Eglise ne peut ainsi revendiquer d'autre mérite que celui d'avoir coopéré à cette œuvre émancipatrice, d'avoir emboîté le pas aux initiateurs, philosophes et philanthropes, mais nullement celui d'avoir donné le souffle inspirateur à l'œuvre. On est même en droit de lui reprocher d'avoir retardé le succès de son abolition ; en effet, l'histoire de l'affranchissement et de l'émancipation des esclaves nous montre que ce sont les peuples bigots qui ont défendu cette institution barbare le plus longtemps et avec un acharnement digne d'une cause plus juste et plus humanitaire.

Si le Mosaïsme n'a pas aboli l'esclavage à l'époque de son avènement, c'est que, comme nous l'avons dit, la Société n'était pas préparée à s'accommoder de cette œuvre libératrice ; cependant, notons-le en toute justice, il a ouvert portes et fenêtres au progrès, il a avancé l'heure de la chute définitive de cette dégradante institution ; en attendant, il avait dès sa promulgation et dans la mesure du possible, adouci le sort des malheureux parias de la Société. Nous nous en référons à nos écrits sur cette matière, entre autres, notre *Droit social* et l'*Eldorado retrouvé, un rêve*. Nous nous bornons ici à constater que le premier pas dans cette voie libératrice a été fait par la glorification du travail, par son élévation comme principe fondamental de l'édifice moral de la religion juive. Le récit biblique de la création du monde en six jours paraît n'avoir d'autre but que de glorifier et de sanctifier le travail, de le présenter à l'homme comme un devoir social de premier ordre, comme une nécessité pour le maintien même de la Société et pour l'avancement des progrès de l'humanité. On ne doit pas se lasser de répéter, que la Bible n'a pas la prétention d'être un livre de science, mais qu'elle est et n'a d'autre ambition que d'être un enseignement moral. Ses détracteurs se font un malin plaisir d'y trouver des hérésies scientifiques, des contradictions, des horreurs même. C'est qu'ils la lisent superficiellement et ne se rendent pas compte ni de l'époque à laquelle les différentes parties en ont été composées, ni de l'état des connaissances scientifiques du peuple auquel elle a été destinée, ni des circonstances du milieu et de l'entourage de ce peuple. L'institution du Sabbat, présentée dans la Bible en corrélation avec la création du monde en *six jours,* on pourrait dire comme sa raison d'être, à côté du repos qu'elle ordonne, préconise et prescrit formellement le travail pendant six jours. (Ex. xx. 9. xxxiv. 21. Deut. v. 13 et autres).

Pour l'. aélite le travail est un devoir absolu ; chacun, dans la mesure de ses aptitudes et de ses forces, est appelé à en fournir sa quote-part, il ne peut pas se soustraire à cette obligation sans manquer gravement à une prescription religieuse. Le riche qui pourrait se passer du fruit de ses labeurs pour sa subsistance a la même obligation d'apporter sa tâche quotidienne à l'œuvre sociale générale que le pauvre qui vit du produit de ses peines, à la différence cependant, différence toute à son avantage, qu'il a le choix des heures et du genre de ses occupations, suivant ses dispositions naturelles, tandis que ce choix est limité, parfois supprimé, chez l'ouvrier vivant de son travail.

Si tout le monde est astreint au travail, celui-ci, par ce fait, cesse d'être frappé de déconsidération et de mépris ; au contraire, il arrive à l'honneur et aux honneurs. Voilà déjà une des antithèses sociales écartée ; en effet l'honneur attaché au travail se reflète sur celui qui le produit, l'ouvrier pauvre devient l'égal du travailleur riche, il gagne en considération aux yeux du monde et aux siens propres.

4) Le principe du travail selon la conception des différents peuples.

Jetons un coup d'œil sur l'histoire des peuples et Etats anciens et contemporains et étudions leurs mœurs et leurs législations par rapport à l'estime qu'ils accordaient ou accordent encore au travail, citons ensuite quelques textes bibliques et talmudiques, pour montrer, preuves en main, la différence qui existe entre la conception du devoir du travail, telle qu'elle s'était formée chez les peuples de l'antiquité et jusqu'aux temps modernes, et l'idée sur le même sujet, telle qu'elle s'était formée graduellement dans l'esprit et était entrée dans les mœurs du peuple juif.

On sait que chez les anciens Egyptiens, chez les Hindous et chez d'autres peuples de haute culture, divisés qu'étaient ces peuples en des castes distinctes et bien tranchées, le travail manuel aux champs et dans les métiers était frappé de mépris et son occupation abandonnée à la caste placée au dernier échelon de la Société, à la classe vile des parias.

Le travail ne jouissait pas d'une estime plus haute chez les Grecs et chez les Romains, nous avons déjà eu l'occasion de le signaler à un autre endroit. Xénophon ne dit-il pas (*Maximes,* livre 5) que la plupart des professions sont peu hygiéniques, qu'elles condamnent les professionnels et les artisans à s'enfermer chez eux dans des ateliers, à s'exposer constamment à la chaleur insupportable des fours ou des forges, à se priver de cultiver l'amitié et la politique (travailler pour le bien de la République)? Aristote (*Politique,* livre III, chap. 3) flétrit le travail en des termes encore plus tranchés : « On n'a admis les artisans en qualité de citoyens, dit-il, que dans des démocraties en décadence, tombées déjà dans un état de dépravation et de corruption ; dans des républiques saines et bien organisées, on ne leur reconnaîtrait jamais le droit de citoyens. » L'agriculture était frappée du même discrédit, elle fut abandonnée aux esclaves; le petit commerce, le colportage, le trafic en général était considéré comme une occupation peu digne d'intérêt. Lycurgue, le législateur si vanté par Hérodote et Plutarque, considérait tout travail manuel, l'exercice de toute profession comme trop infâme pour tenter un citoyen libre ; aussi les abandonnait-on aux esclaves et aux ilotes. Le commerce et l'industrie, occupations viles, étaient sévèrement interdits aux hommes libres. Ben-Sirach, le juif alexandrien, imbu des doctrines grecques, a suivi leurs errements au sujet du respect dû au travail, au mépris des doctrines de sa propre religion. (Ch. xxxiv).

Les Germains et les Gaulois, races plus jeunes, mésestimaient l'agriculture et l'abandonnaient aux non-guerriers ou, comme ils s'exprimaient, « aux craintifs et aux lâches ». On connaît les coutumes des Peaux-rouges. La chasse, la guerre, ou... l'inactivité absolue, pour eux il n'existe pas d'état intermédiaire, ils considèrent tout travail manuel comme déshonorant.

On s'explique à la rigueur, que les peuples primitifs, les sauvages et les demi-barbares, mésestimaient le travail ; trop près de la Nature et de la gent animale, ils les imitaient et en copiaient les habitudes. (La vérité que la Nature ne se repose jamais, ne leur était pas encore connue.) Mais on a de la peine à se rendre compte que des peuples de culture et, dans leur sein, des hommes au cœur noble et généreux, aient pu s'égarer à ce point et persévérer dans leur erreur pour estimer que les vaincus dans une guerre (peut-être par trahison) ou les personnes terrassées par la vie, aient une valeur morale ou une valeur intrinsèque comme créature humaine, moindre que l'homme possédant une dose de force brutale plus grande ou ayant eu plus de chance dans la vie, en utilisant pour son avantage personnel son fond de ruse et de finesse ! Il n'y a qu'*une* explication à ce phénomène. C'est que l'esprit de l'homme se meut dans un cercle d'idées fort limité, que la matière grise se prête difficilement à des empreintes de nouvelle forme, de pression, de dessin et de contour inaccoutumés. De là le fait, qui sans cela paraîtrait si peu naturel, que les préjugés ont la vie si dure, que les conceptions toutes faites, reçues par héritage des générations précédentes, ne peuvent être éliminées ou transformées qu'avec infiniment de peine et qu'elles restent rebelles à la démonstration de leur inanité. De là aussi le fait étrange, que des intelligences d'envergure si vaste, telles que nous les admirons chez un Platon, un Aristote, n'ont pas compris que le travail non seulement résulte d'une nécessité sociale absolue, mais qu'en soi-même, il constitue un *bien,* qu'il développe les forces et les facultés humaines dans un rayonnement naturel, qu'il aide à dé couvrir les facultés et les aptitudes de chaque individu, qu'il lui apprend à les cultiver et à les développer ; puis, dans un autre ordre d'idées, que le problème du travail implique une question de dignité humaine et que le travail est le facteur principal du bien-être général. Et d'un autre côté, ne fait-on pas montre d'une dureté de cœur impardonnable lorsque, pouvant disposer de ses propres forces et de sa propre activité pour se procurer les nécessités de la vie, on a recours au travail d'un autre être humain ? On se demande encore, comment ces intelligences ne se sont pas rendu compte que les ressorts des facultés non exercées se rouillent, à l'instar de l'aimant qui perd sa propriété attractive, si on le laisse dans l'inaction ?

5) Le même principe selon la conception de la législation juive.

Le législateur du peuple israélite, nous avons eu l'occasion de le signaler à plusieurs reprises, a une conception plus élevée de la vraie dignité humaine et des devoirs sociaux. D'après lui, le travail et l'activité utile en général sont des devoirs fondamentaux de l'homme et sont placés en tête de ses obligations envers la Société.

Le récit de la création de l'Univers — nous écartons ici la question scientifique — représente Dieu comme *l'auteur* du monde, manifestant ainsi l'intention de la Bible de vouloir montrer à l'homme par *le fait,* que le travail, loin de devoir être considéré comme une honte ou d'être pris dans le sens d'une dégradation, constitue au contraire une chose de haute valeur et de grand mérite, digne d'un Dieu, par conséquent non moins digne des hommes. L'institution du Sabbat est la seconde consécration de ce

principe. Elle impose à l'homme le repos, c'est vrai, comme une mesure hygiénique pour le corps et comme un moyen d'élévation pour l'âme ; mais elle lui ordonne en même temps le *travail* pendant six jours, ordre qui a une signification non moins importante que le commandement du repos. En continuant son récit, la Bible nous raconte ensuite que « Dieu plaça l'homme dans le jardin d'Eden pour le *cultiver* et pour le garder » (Gen. II. 15), marquant de nouveau que le travail est un devoir saint de l'homme. Et le passage de la Bible qui suit, parlant des conséquences de la désobéissance du premier homme, passage conçu en ces termes : « à la sueur de ton front tu mangeras ton pain » et que le Christianisme interprète comme l'énoncé d'une malédiction, est en vérité sinon une bénédiction, du moins un enseignement salutaire pour l'homme, lui apprenant que le travail, bien plus que l'oisiveté, préserve l'homme de la chute morale, qu'il le préserve de devenir la proie de la convoitise, de l'envie et de la jalousie. Et si l'on objecte que cette interprétation de la Genèse est du symbolisme, nous répliquerons que, du moins elle est morale et qu'elle ne choque pas la science.

Poursuivons l'histoire : *Noé* planta la vigne ; *Abraham,* par sa vie agitée, mise à l'épreuve jusqu'à dix fois, a dû déployer une grande activité ; *Isaac* cultiva la terre : « il sema dans ce pays ». (Gen. XXVI. 12). *Jacob* servit Laban et son service n'était certes pas du symbolisme, mais de la réalité : « Voilà vingt ans que je te sers, dit-il, tes brebis et tes chèvres n'ont pas avorté...., la chaleur me dévorait pendant le jour et le froid pendant la nuit, et le sommeil fuyait de mes yeux. » (Gen. XXXI. 38 à 40). *Joseph* fut réduit à l'esclavage pendant de longues années ; *Moïse* était un éleveur de troupeaux à gages et dans le désert Dieu lui ordonna de *faire construire* un tabernacle. (Exode xxv. 8). *Gédéon* était un cultivateur, *Saül* aussi, *David* un pâtre et éleveur de troupeaux, il chante : « Si tu te nourris du fruit de tes mains, bonheur à toi et félicité. » (Ps. cxxviii. 2). *Salomon* dans ses Proverbes recommande le travail, l'impose comme un devoir sacré, raille et ridiculise le paresseux, fustige le fainéant, envoie l'oisif à l'apprentissage chez la fourmi, et avec quelles paroles pleines de charme ne fait-il pas l'éloge de la femme *vaillante* et *laborieuse ?* « Elle se procure de la laine et du lin et travaille d'une main joyeuse. Elle est comme un navire marchand, elle amène son pain de loin. Elle se lève lorsqu'il est encore nuit et elle donne la nourriture à sa maison et la tâche à ses collaboratrices. Elle acquiert un champ, plante une vigne et c'est du fruit de son travail qu'elle se nourrit. Elle ceint de force ses reins et elle affermit ses bras. Elle sent que ce qu'elle gagne est bon et sa lampe s'éteint à peine pendant la nuit. Elle met la main à la quenouille et ses doigts tiennent le fuseau. Elle tend la main au malheureux, la nourriture à l'indigent. Elle ne craint pas la neige pour sa maison (symbole de la propreté).... Elle fait des chemises et les vend et elle livre des ceintures au marchand. Elle est revêtue de force et de gloire et elle se rit de l'avenir. Elle ouvre la bouche avec sagesse et des paroles douces sont sur sa langue. Elle veille sur ce qui se passe dans sa maison et elle ne mange pas le pain de paresse. » (Prov. xxxi. 13 à 27). *Elisée* fut pris de derrière la charrue pour suivre Elie.

Le Talmud prise également le travail à un haut degré, il lui assigne comme valeur la place qu'occupe l'étude de la

Thora, c'est-à-dire la plus élevée (Aboth di Rabbi Nathan. 11) et condamne l'oisiveté comme un crime de premier ordre. L'homme qui se nourrit du fruit de ses mains a une valeur morale aussi élevée, sinon supérieure, à celle que possède la personne qui passe son temps dans les maisons de prières (textuellement qui s'occupe de la crainte de Dieu, c'est-à-dire qui mène une vie contemplative).

Au même titre qu'il est du devoir de l'homme de conserver l'espèce (l'institution du mariage comme nécessité sociale), le père de famille a pour obligation de faire apprendre une profession honnête à son fils. (Kid. 30 b.). S'il néglige ce devoir, il assume une grande responsabilité devant Dieu et devant les hommes, si le fils se dévoie et tourne au mal (id. 29 a). L'homme qui par un vœu défend le travail à sa femme est obligé de se séparer d'elle ; car il est prévu que l'oisiveté forcée conduit au libertinage. (Ketoub. 59ᵇ).

Et que l'on ne s'imagine pas que ces prescriptions et ordonnances fussent considérées par les maîtres et par le peuple comme des enseignements purement théoriques, elles étaient observées dans la pratique. Les plus grands, les plus illustres maîtres exerçaient une profession ou pratiquaient un métier pour s'en nourrir. Rabbi Akiba, c'est connu, était bûcheron, R. Eliéser, cultivateur, R. Yochanan, sandalier, R. Isaac, forgeron et ainsi de suite, le Talmud désigne souvent les maîtres par leurs métiers.

A côté du travail physique, de l'effort corporel, de l'entraînement et de l'assouplissement des muscles, la religion, en élevant le travail à la dignité d'un devoir social de premier ordre, vise en outre le but, de préserver l'homme de la chute morale, conséquence naturelle de l'oisiveté et de la fainéantise. Son intention non équivoque est de faire comprendre à l'homme qu'il est de son devoir de contribuer pour une part proportionnelle au bien social, non moins que celle de consolider la santé du corps. Le travail est une bénédiction physique et psychique. C'est dans ce sens que le Talmud interprète les deux expressions « bonheur à toi et félicité » employées au verset 2 du Ps. cxxvii, cité plus haut.

Le travail intellectuel lui est recommandé au même titre, sinon à un titre plus élevé que l'occupation manuelle. Si la culture intellectuelle sert en sous-ordre de délassement au corps après la fourniture d'un travail fatigant, elle a comme but principal une portée plus élevée, elle revêt l'homme de sa vraie noblesse et dignité, l'élève sur son piédestal d' « image de Dieu » et donne ainsi à sa vie sa signification et la valeur d'être vécue.

Le Talmud qui dans ses enseignements de haute morale cherche un appui dans les textes sacrés, se contentant parfois d'une simple allusion (Rémess), cite le passage suivant de la Genèse pour établir comme principe, que l'homme ne mérite pas de jouir des biens de la terre, s'il se refuse à fournir sa part de la culture du sol ou d'un autre travail social. « L'Eternel Dieu prit l'homme, le plaça dans le jardin d'Eden pour le *cultiver* et pour le garder » ; puis il complète sa pensée dans le verset suivant : « tu peux *manger* des fruits des arbres du jardin », ainsi, dit-il, le travail doit *précéder* la jouissance. (Aboth di Rabbi Nathan 11).

« Il est bon que l'homme associe l'exercice d'un métier avec l'étude de la Loi » (Aboth ii. 2). R. Semaya dit :

« Aime le travail, hais le pouvoir (n'ambitionne pas le pouvoir) et ne te mets pas en avant pour être parmi les grands » (id. 1. 10). -- « Après que Dieu eut dit à Adam, la terre produira des ronces et des chardons, des larmes jaillirent des yeux du pauvre pécheur et le cœur attristé, d'une voix étranglée, il opposa respectueusement à son justicier : « Est-ce que moi et mon âne devons manger au même râtelier ? » Dieu pour le consoler lui répondit : « à la sueur de ton front tu mangeras ton pain », et l'angoisse d'Adam disparut. » (Pesachim 118 a). Ce passage parabolique montre si bien et prouve à l'évidence que le Talmud considère le travail non pas comme une malédiction ou une déchéance de l'homme (suivant l'interprétation chrétienne donnée à ce passage), mais bien comme une source de bénédiction et de consolation.

Le Talmud concède au travailleur des privilèges dans la pratique du culte qui ont leur prix. Ainsi on sait qu'une grande importance est attachée à la récitation journalière de certains chapitres du Pentateuque (le Schemâ) et de la prière connue sous la dénomination de « dix-huit bénédictions » ; or, il autorise le travailleur, fût-il perché au sommet d'un arbre, à faire sa dévotion à l'endroit où il se trouve et encore en abrégé, sans l'obliger de descendre de l'arbre pour faire la prière en commun dans une réunion de fidèles (Berachoth 16 a.); il n'a pas davantage à se lever devant les savants et sages pour leur témoigner le respect qui leur est dû, bien que la vénération de ces hommes supérieurs soit considérée comme un devoir du plus haut mérite (la sagesse et la science du savant sont considérées comme un reflet de la sagesse divine, Kiddouschin 33 a).

Puis encore le Talmud proclame le travail un des facteurs importants de conciliation entre les différentes classes de la Société. Comme on voit, il est sous ce rapport en accord parfait avec la Sociologie moderne. L'Académie de Jabné (ville de Palestine où après la destruction de Jérusalem les savants — membres du Sanhédrin — avaient coutume de se réunir pour enseigner et interpréter la Loi, ainsi que pour administrer les affaires publiques) enseignait d'une manière précise, que c'est par le travail que les conditions sociales des hommes se nivellent, que l'antagonisme entre les classes diminue, que les intérêts opposés se concilient et que les aspérités créées par la convoitise, l'envie et la jalousie dans les rapports entre les hommes, rentrent leurs pointes et arrondissent leurs angles.

« Je (ainsi parle le sage) suis un être doué d'intelligence et mon prochain (cultivateur et artisan) l'est de même ; mon occupation se fait en ville, la sienne a lieu en ville ou à la campagne ; je suis diligent et zélé, il ne l'est pas moins ; il ne serait pas orgueilleux s'il devait faire ma besogne, je ne puis être honteux de faire la sienne et si l'on me dit que mon travail est plus noble et plus important que le sien, je réponds que nos maîtres nous ont appris qu'il est téméraire de vouloir classifier les occupations d'après leur importance aux yeux de l'homme, toutes concourent à établir le bien social, toutes par conséquent ont un mérite égal, pourvu que la besogne soit faite dans de bonnes intentions et exécutée dans des conditions d'honnêteté. » (Berachoth 17 a).

Il résulte de ce qui précède qu'une législation qui réclame le titre de législation sociale et qui est digne de ce nom, doit placer à la base de l'édifice législatif et doit en même temps s'en inspirer dans ses dispositions légales, *l'obligation du travail,* obligation imposée à litre égal à tous les membres de la société, obligation incombant à chacun, suivant ses capacités et aptitudes individuelles.

De la conscience de cette obligation et des actes qu'elle produit naîtront et se développeront les *mœurs sociales.* L'obligation pour chacun d'apporter son concours personnel à l'édifice social et de contribuer au bien-être de la collectivité, offre aussi un terrain tout préparé à la conciliation de l'antagonisme concentré dans les termes « richesse » et « pauvreté ». L'obligation du travail, égale pour tous, nivelle les classes, tue dans son germe le ferment de la jalousie entre elles et crée le meilleur agent et propagateur de la fraternité.

L'oisiveté, au contraire, constitue un malheur pour celui qui s'y livre et devient une source de malédiction pour la Société, elle corrompt le sang du paresseux et, par le mauvais exemple qu'elle donne et par la stérilité qui l'accompagne, elle est l'ennemie du progrès qu'elle arrête tout net.

Nous n'ignorons pas que le rêve de la Société, le but ultime de ses aspirations, n'est pas précisément la fainéantise et la vie contemplative, mais le désir toujours en éveil de participer dans la part la plus large possible aux jouissances que la Nature met à la disposition de l'homme et de posséder une bonne portion des trésors de la terre, sans dépenser trop de fatigue corporelle.

Nous n'accusons pas la Société de s'abandonner à l'espoir utopique de pouvoir vivre un jour dans un « dolce far niente », rêve ultime de bonheur des pusillanimes, et qu'elle compte sur la réalisation du désir secret des fainéants tendant à faire endosser le travail manuel aux machines et aux outils mécaniques ; toutefois il est facile de deviner qu'elle aspire à vivre la vie des anciens Grecs, une vie de plaisir et de jouissance, déchargée de tout souci et de toute fatigue physique autre que celle produite par le jeu.

C'est la lutte éternelle entre l'énergie et l'inertie, lutte dont les vestiges sont peu effacés encore dans les races européennes, lutte qui leur a été léguée par leurs ancêtres, les anciens Grecs et Romains. Ces Aryens ont de la peine à se débarrasser et à s'émanciper des doctrines de leurs philosophes et sophistes. Aussi voyons-nous que le travail chez eux n'est pas apprécié et honoré à sa juste valeur, il n'est pas encore reconnu ce qu'il est en vérité, non seulement une nécessité sociale dont l'accomplissement pourrait à la rigueur être abandonné à une classe d'hommes considérés comme inférieurs (les esclaves), mais qu'il constitue *l'emploi rationnel et nécessaire de l'ensemble des forces et des facultés que la Nature a données à l'homme, ainsi que le développement graduel de ces mêmes forces et facultés.* Ce développement, on ne peut l'ignorer, ne s'obtient que par l'exercice, nous ajoutons par un exercice continu et, on l'a vu plus haut, c'est le travail et non pas l'oisiveté qui imprime à l'homme le sceau divin, qui fait de lui le représentant de l'image de Dieu sur la terre.

C'est cet atavisme, cette malheureuse conception des ancêtres (aryens) sur le travail qui est en grande partie la cause de la lutte entre les classes dans notre Société, lutte si âpre, si envenimée, se perpétuant de génération en génération. Le travail est considéré comme une charge, une contrainte imposée, un acte de violence, aux yeux de beaucoup même comme une coercition, au lieu d'être envisagé comme le libre emploi et l'exercice spontané des forces de l'homme.

Nous avons vu à quel haut degré la Bible juive et le Talmud apprécient le travail, voyons maintenant la contre-partie, montrons comment ils envisagent l'oisiveté et la paresse.

Salomon dans ses Proverbes, apostrophe ainsi le fainéant : « Va vers la fourmi, paresseux ; regarde ses voies et prends conseil : elle n'a ni chef, ni préposé des travaux, ni maître, elle prépare en été son pain, elle amasse pendant la moisson de quoi se nourrir. Paresseux, jusqu'à quand resteras-tu couché, quand te lèveras-tu de ton sommeil ? Un peu de sommeil, un peu d'assoupissement, encore un peu croiser les mains pour dormir !... Et la pauvreté te surprendra comme un rôdeur et la famine comme un homme en armes. » (VI. 6 à 11). « Le chemin du paresseux est comme une haie d'épines. » (XV. 19). « La paresse fait tomber dans le dénûment, et la nonchalance conduit à la misère. Le paresseux plonge sa main dans le plat, et ne la ramène pas à sa bouche. » (XIX. 15 et 24).

Le Talmud est encore plus sévère et ne craint pas de dire : « L'homme ne meurt qu'à la suite de l'oisiveté. » (Aboth di R. Nathan 11). Il établit comme maxime que le pauvre (valide) ne doit pas se rebuter de faire un travail même estimé comme vil, plutôt que d'accepter l'aumône qui, elle, dégrade l'homme bien plus que le travail le plus abject. « Celui qui hait les aumônes, vivra. » (Prov. XV. 17). « Décide-toi, s'il le faut, d'ôter la peau d'une charogne, fût-ce sur la place publique, pour gagner de quoi te nourrir et ne dis pas : je suis trop bon (noble) pour une occupation pareille. » (Baba Bathra 110 a).

On sait que dans la loi juive, le Sabbat occupe un rang élevé comme institution religieuse et qu'il est ordonné au fidèle de le distinguer même extérieurement, par le vêtement, par la nourriture et par le langage. Le Talmud recommande cependant de traiter le Sabbat sous ce rapport comme un jour ouvrable, plutôt que de faire appel à la charité ou de l'accepter, aux fins de lui donner l'éclat qui lui est dû. (Sabbat 118 b). « Il est préférable d'aller travailler chez un idolâtre que de rester oisif et de compter sur l'assistance charitable des hommes. » (Baba Bathra 110 a). « L'homme doit préférer une vie de misère et de dénûment à une vie plus facile qu'il pourrait se procurer en faisant appel à l'assistance publique ; un « talmid chacham » (érudit dans la Loi) même de notoriété, se soumettra à un travail rude et réputé vil plutôt que d'avoir recours à des aumônes. » (Yoré Déah, Hilchoth Zedaka 255). « La justice (vengeresse), disent les sages, s'abattra sur l'homme (valide) qui fait appel à la charité au lieu de se nourrir du produit de son travail, et celui-ci ne mourra pas avant d'avoir goûté la vraie misère et d'être réduit à mendier un morceau de pain pour calmer sa faim. » (id.) « Celui qui possède deux cents souses (une petite monnaie) n'a pas le droit de réclamer une part à la Péah (le coin du champ qui d'après la loi (Lév. xix a. 10, id. xxiii. 22, Deut. xxiv. 19) devait être abandonné aux pauvres et à l'étranger). » (Mischna Péah viii. 8). Et celui qui a de quoi se nourrir pendant la journée ne pourra pas accepter l'assistance publique (de peur qu'il ne s'habitue à mendier au lieu de travailler). (Sabbat 118 a). Celui qui simule une infirmité pour éveiller la pitié de son prochain, ne descendra pas dans la tombe avant d'avoir été frappé de l'infirmité qu'il avait simulée. (Mischna Poah viii).

Il résulte de ce qui précède que d'après la loi juive (biblique, développée par le Talmud) les hommes valides ont le devoir, égal à tous, de se rendre utiles les uns aux autres, d'apporter chacun sa part au bien général, il en résulte ensuite, qu'en considération de la nécessité que le concours de chacun est indispensable pour produire l'achèvement harmonieux de l'ensemble, le travail de l'un n'a en définitive pas plus de valeur que celui de l'autre. Il n'y a pas lieu de faire une distinction entre les divers genres de travaux pour en estimer différemment la valeur. Toute la question se réduit à savoir, si le travail est exécuté avec soin (conscienceusement) et s'il est utile à l'ensemble de la société. La réussite d'une entreprise et sa productivité financière ne dépendent que rarement des efforts de l'homme. Les capacités intellectuelles et l'habileté manuelle luttent parfois en vain contre les éléments contraires qui n'étaient ni à prévoir ni à écarter. L'un s'enrichit par un travail parfois moins bien achevé qu'un autre qui, mieux exécuté, ne nourrit pourtant pas son homme. Il y a des imbéciles riches et des hommes de haute capacité pauvres, tel le savant et sagace Abraham Ibn Esra qui, profond penseur, n'a réussi dans aucune de ses entreprises commerciales et qui disait un jour mélancoliquement : si j'étais marchand de luminaires, le soleil ne se coucherait plus, et si je me faisais fossoyeur, personne ne mourrait plus. Il y a des personnes attelées à un travail dur et pénible toute leur vie et qui gagnent à peine de quoi suffire à leurs stricts besoins, tandis que d'autres amassent des fortunes avec une facilité étonnante et presque sans travail. D'ailleurs, tous les hommes n'apprécient pas à valeur égale le prix de l'argent. C'est pourquoi il sied mal à l'homme en situation fortunée de regarder du haut de sa grandeur celui qui ne possède pas de richesse. Tous les hommes, à travail honnête égal, se valent; la différence de mérite en plus ou en moins, dépend du degré de probité et de délicatesse de conscience apportées à l'exécution du travail.

Voici quelques citations à l'appui des principes exposés : « Il n'y a pas de métier qui ne produise la richesse et la pauvreté. » (Kiddouschin 82 a). « Ni la richesse ni la pauvreté ne sont exclusivement le produit du travail, la réussite d'une entreprise dépend beaucoup de Celui qui est le seul dispensateur de la fortune. » (id.) « Si l'Eternel ne bâtit pas la maison, ceux qui la bâtissent travaillent en vain. » (Ps. cxxvii. 1). « J'ai encore vu sous le soleil que le pain n'est pas toujours aux sages, ni la richesse aux intelligents, ni la faveur aux savants. » (Eccl. ix. 11). « Le succès ou l'échec d'une entreprise est décidé au jour du jugement » — le Rosch Haschanah — (Baba Bathra 10 a). « Dieu qui trône si haut, regarde si bas, pour donner à chacun la nourriture qu'il mérite et qui est le mieux appropriée à son individualité et qui profite le plus. » (Pesachim 118 a). Au même endroit, le Talmud ajoute tristement, que la faculté de se procurer son pain quotidien est pour maint homme un problème aussi difficile à résoudre que celui de sauver le monde, un travail aussi malaisé que de fendre la Mer rouge, un effort aussi douloureux que la mise au monde d'un nouveau-né. Il n'est pas au pouvoir de l'homme d'acquérir au gré de sa volonté les biens qu'il désire ou ambitionne ; aussi l'ouvrier pauvre ne doit-il pas être dédaigné, s'il ne parvient pas à ramasser une fortune. Si l'ouvrier a fait son travail avec honnêteté, au mieux de son pouvoir, il a, aux yeux de la morale, rempli son devoir et mérité l'estime du monde au même titre sinon avec plus de justice que l'homme qui n'a d'autre mérite que d'être né dans l'opulence.

Nous pouvons déduire de ce que nous venons d'exposer :

1, que l'obligation du travail est uniformément la même pour tous les hommes valides, mais que la faculté de choisir soi-même son genre de travail suivant ses goûts et dispositions naturelles ne doit être en rien restreinte ;

2, que le travail de l'un, au point de vue social, a droit à la même considération que le travail de l'autre ; que ce n'est pas le genre de travail — le métier —, mais la façon dont il est exécuté qui en constitue le mérite ;

3, que la vie oisive est condamnable chez le riche comme chez le pauvre, et

4, qu'il n'est permis à personne de vivre d'aumônes ou de faire appel à des œuvres de charité, si d'une manière honnête quelconque il peut se procurer sa subsistance par le travail, ce travail fût-il même réputé vil ;

Cette dernière obligation vise aussi bien les parasites que les mendiants professionnels. Ceux-ci, pendant l'autonomie du peuple israélite, formaient une classe de personnes inconnues dans son sein, à telles enseignes qu'il n'existe pas de mot dans la langue hébraïque pour en désigner ni l'état ni la personne. Quant aux pauvres professionnels, on leur fait sentir assez lourdement leur dépendance et le peu de cas qu'on fait d'eux, pour que l'on puisse se dispenser de mettre le monde en garde contre eux. On est plus indulgent dans la Société moderne envers les parasites et comme on a tort ! car au vice de paresse ils joignent encore la dissimulation et l'hypocrisie.

6) Les devoirs mutuels des riches et des pauvres.

Les devoirs des riches envers les pauvres ne sont pas aussi simples que ceux des pauvres envers les riches. Ces derniers ne comprennent que l'obligation négative de ne pas recourir à l'assistance, sauf dans des cas d'extrême nécessité, tandis que les premiers embrassent un grand nombre de prescriptions. Ils nécessitent des connaissances et de la fortune : ils exigent un apprentissage assez long, un entraînement continu et une longue suite de pratiques. La confection des lois relatives aux devoirs des riches envers les pauvres, travail confié par ironie aux possédants, nécessite déjà chez les législateurs un esprit d'abnégation assez grand et une force de volonté peu commune pour réagir contre le penchant de l'homme de céder facilement aux mesquins calculs de l'égoïsme. N'est-ce pas cet égoïsme qui en définitive a créé les antithèses sociales ? Il en coûte à l'orgueil des puissants de considérer le pauvre comme leur égal, le miséreux comme leur pair et de le traiter en frère. Malheureusement la division en castes et en classes bien tranchées a jeté dans notre Société des racines trop profondes, l'antiquité y vit encore avec trop de vivacité et l'hérédité ne cesse de posséder un grand empire sur elle, pour lui donner la force morale d'abandonner spontanément des droits prétendûment acquis par la grâce de Dieu et par une possession de longue date. Le sang des Grecs et des Latins, hélas, coule encore toujours dans leurs veines et se montre rebelle à se transformer. Ils restent imbus de la fausse conception que ce sang n'a pas la même couleur que celui des pauvres et demeurent obstinément réfractaires aux idées qui vont à l'encontre de leurs intérêts. En un mot la Société actuelle paraît encore peu préparée à donner à ces questions la solution qu'elles comportent.

La législation juive, émancipée de ces fausses conceptions ou plutôt ne les ayant jamais eues, montre dans ces questions comme dans beaucoup d'autres, une supériorité incontestable sur les législations anciennes et en partie sur les modernes et légitime ainsi sa haute valeur morale. Pour elle, le pauvre et le riche occupent le même rang, forment une caste unique, sont frères. Partout où le Pentateuque parle du pauvre, il le qualifie de « *frère* » à l'égard du riche (Deut. xv) et pour atténuer dans une large mesure l'antithèse résultant de l'inégalité de la fortune, la législation, de tout le poids de son autorité, recommande au riche la modération dans le déploiement du luxe et du faste. Cette recommandation s'étend jusqu'à la personne du Roi qui, pas plus que les hauts fonctionnaires de l'Etat et les opulents de la nation, ne doit donner accès dans son cœur à l'orgueil et à la vanité, ni cesser de considérer le pauvre comme son frère : « il (le Roi) ne doit pas augmenter le nombre de ses chevaux et de ses attelages....., ni se livrer à la luxure, ni vouloir amonceler des richesses en or et en argent, afin que son cœur ne s'enfle pas d'orgueil pour se considérer comme issu d'une souche supérieure à celle du peuple, ses frères. » (Deut. xvii. 16. 17. 20).

Nous passerons rapidement en revue les devoirs du riche envers le pauvre dans les divers rapports qu'ils pouvent avoir ensemble. Ces devoirs témoignent des efforts que fait la Loi pour concilier les antithèses et pour atténuer l'antagonisme entre les deux prétendues couches sociales différentes. Nous avons déjà eu l'occasion de citer dans un chapitre précédent une partie de ces devoirs ; si nous en parlons ici à nouveau, c'est en leur qualité d'instruments de conciliation.

La Bible admet deux sortes de rapports entre les personnes qui font exécuter un travail déterminé et celles qui en acceptent la charge : ce sont ceux qui existent entre les maîtres et les serviteurs (les personnes prises à gages, à salaires pour un temps déterminé) et ceux entre les patrons et les journaliers (les personnes qui travaillent à la journée). Les travailleurs de la première catégorie, ouvriers et esclaves à terme, sont considérés par la loi comme l'une des parties contractantes et les maîtres comme la seconde. Le contrat lie les deux parties pendant la durée du terme et leur impose des obligations auxquelles elles ne peuvent se soustraire sans forfaire à l'honnêteté et à la probité.

D'après la loi, un homme peut aliéner temporairement la libre disposition de son travail et même de sa personne (la partie d'activité physique) dans les cas suivants :

1, s'il est temporairement incapable de se subvenir aux besoins de sa vie et de celle de sa famille ; dans ce cas l'aliénation de sa liberté ne peut dépasser en une fois un terme de six ans ;

2, s'il est condamné par le tribunal civil à rembourser une somme d'argent due à une tierce personne et qu'il ne possède pas actuellement. Dans ce cas il recouvre sa liberté dès que le remboursement est effectué ;

3, s'il est condamné par un arrêt émanant du tribunal pénal à la suite d'un crime. — à l'exception d'un meurtre — ou d'un délit ; dans ce cas la durée de cette servitude pénale est fixée dans l'arrêt même et est proportionnelle à l'importance de la somme constituant la dette du chef du dommage causé ou de l'amende infligée ou des deux chefs réunis.

Le premier cas est accidentel et rare ; les deux autres cas remplacent la condamnation à l'emprisonnement édictée dans les législations modernes. Cette disposition a un grand avantage sur celles incorporées dans les législations qui tirent leur origine du droit romain. Elle fait un acte de justice en indemnisant le spolié, le préjudicié et le volé, tout en évitant au condamné de subir une cruauté et une humiliation inutiles ; elle sauvegarde ainsi la dignité personnelle du délinquant et lui fournit l'occasion de s'amender et de se relever. Par ce système, la gangrène de la rechute et de la récidive n'est pas à craindre.

Le mercenaire ou l'homme qui travaille à la journée, possédant la libre disposition de sa personne et de son travail, contracte l'obligation d'autant plus sérieuse vis-à-vis de son patron, d'exécuter son travail dans les meilleures conditions possible, que la faculté lui est reconnue de rompre l'engagement le jour qu'il lui plaira, soit pour la raison qu'il juge le travail imposé trop dur ou trop peu rémunérateur, soit pour celle qu'il trouve ailleurs une situation mieux en rapport avec ses goûts ou ses dispositions naturelles. Si la location du travail est contractée pour un certain nombre de journées, il s'en suit que ni grève ni raison fortuite ne peuvent le dispenser de rester à son poste et de se conformer strictement aux obligations do son engagement et cela jusqu'à l'expiration du contrat.

Ici une question épineuse surgit. Si l'ouvrier agricole ou industriel, forcé par des besoins pressants, s'est engagé à fournir un travail important exigeant pour son exécution un laps de temps d'une certaine durée et que pendant le temps de l'exécution, le taux du salaire ait augmenté ou encore qu'un travail mieux rétribué lui soit offert, lui sera-t-il permis au point de vue moral, de rompre son engagement avec son patron actuel pour se joindre à une grève ou pour faire un contrat avec un nouveau patron? ou encore, si, se trouvant momentanément dans le dénûment, il a accepté par nécessité l'entreprise d'un travail à un taux qu'il sait être inférieur au prix normal et peu en rapport avec le bénéfice escompté par le patron, pourrait-il avec honnêteté rompre son engagement? La loi doit-elle, peut-elle dans ce cas protéger les intérêts de l'ouvrier en forçant le patron d'augmenter proportionnellement le salaire ou de diminuer le travail (le nombre d'heures)? Si oui, par réciprocité, ne devrait-elle aussi protéger le patron, dans le cas où le taux du salaire pendant l'exécution de l'entreprise diminuerait ou si la valeur du travail fourni subissait une baisse ou encore dans le cas où l'acheteur du produit du travail ferait défaut ou qu'il ne serait plus en mesure d'en prendre livraison? La loi a-t-elle l'obligation morale d'intervenir dans ces sortes de revendications si mal définies et si mal délimitées et, si elle intervient, comment concilie-t-elle son intervention avec la liberté individuelle dans les deux directions? Il est hors de doute que la loi n'a pas le droit juridique de trancher la question; trop de principes seraient heurtés et trop d'intérêts lésés.

La loi juive elle-même, elle qui règle toute la vie du peuple hébreu dans ses moindres détails et dans toutes les situations dans lesquelles l'individu peut être placé, est restée muette sur cette question, comme aussi sur la question de l'offre et de la demande du travail et de ses produits, sur la fixation du salaire et sur la protection de l'ouvrier ou du patron. Elle a vu l'impossibilité de légiférer sur un sujet exposé à tant de contingences, à des fluctuations éventuelles, à des changements et à des modifications du marché. Toute son attention se portait de préférence sur l'éveil et sur le développement de la *conscience du devoir*, sur l'éveil des sentiments de justice et d'équité, sur des sentiments de bonté, de pitié et de clémence. Elle tend à relever les *mœurs* du peuple et à obtenir par elles ce que les lois sont incapables d'assurer. Dans les dispositions législatives sur le terrain de l'offre et de la demande, elle se contente de rester dans les généralités, de recommander aux forts et aux puissants d'user de générosité à l'égard des faibles et des déshérités de la fortune et à ceux-ci d'être consciencieux dans l'exécution du travail.

Ainsi nous lisons : « Tu n'opprimeras pas le mercenaire ou l'ouvrier, tu n'useras pas de violence à son égard, qu'il soit un de tes frères ou un étranger demeurant dans ton pays, dans tes portes. — Tu lui donneras le salaire de sa journée avant le coucher du soleil ; car il est pauvre et il lui tarde de le recevoir. Sans cela il crierait à l'Eternel contre toi et tu te chargerais d'un péché. » (Deut. XXIV, 14, 15, voir Raschi). « Donne-lui suffisamment pour ses besoins, car n'est-il pas un homme comme toi ? » (Baba Meziah 88 b). « Malheur à celui qui élève pour soi une maison sans justice, et une habitation sans équité, qui fait travailler son prochain pour un salaire insuffisant et qui lui impose un ouvrage peu en rapport avec le salaire. » (Jér. xxii. 13). « Malheur à ceux qui ajoutent maison à maison et qui joignent champ à champ pour ne plus laisser de place, comme si vous demeuriez seuls dans le pays. » (Jér. v. 8).

La morale sociale cependant ne peut pas se contenter de la pratique de la justice dans son rigorisme et dans son étroitesse, elle sollicite des œuvres de charité et de grâce, elle fait appel à l'intervention des tendres sentiments du patron. Le droit a des limites déterminées, la charité se plaît à les élargir à l'infini. Jérusalem a été détruite (a mérité son sort) dit le Talmud (Baba Meziah 30 b), parce que ses habitants se mouvaient dans les bornes étroites de la justice sans inviter la charité à les reculer. « Dans les jugements que tu formes et dans la vie pratique, il faut laisser agir la grâce à la place de la justice. » (Id.) « Au jour du jugement, la première question qui sera adressée au comparant, est celle-ci : dans tes rapports avec les hommes, as-tu agi selon les prescriptions de la charité ? » (Sabb. 31 a). « L'exploitation de l'ouvrier est considérée comme un crime pareil au meurtre. » (Baba Meziah 112 a). « Le patron ne doit pas perdre de vue que souvent l'ouvrier expose sa vie pour un maigre salaire. » (Id.)

Quant aux devoirs de l'ouvrier ou du salarié en général à l'égard du patron, mention en a déjà été faite au chapitre qui traite du *travail,* des devoirs incombant à chaque individu, qu'il soit riche ou pauvre. Il y a été démontré que tout travail doit être exécuté avec honnêteté, au mieux du savoir et du pouvoir de l'ouvrier.

Le Talmud considère le patron et l'ouvrier comme les

deux parties d'un contrat civil, ils sont dans une constante corrélativité, dépendant réciproquement l'un de l'autre, avec la différence cependant que l'ouvrier en sa qualité de partie faible a droit à une plus grande protection que le patron. Ainsi, par exemple, en cas de contestation entre le patron et l'ouvrier dans une question de salaire, c'est au profit du dernier que la loi décide, s'il peut affirmer sous la foi du serment que la somme en litige lui est due, c'est-à-dire que le serment est déféré à l'ouvrier.

Et si nous envisageons la position du serviteur soit par engagement libre, soit par contrainte [1] vis-à-vis de son maître, la loi juive se montre dans sa vraie beauté, elle s'éloigne des législations de l'antiquité et offre particulièrement un contraste manifeste avec celles des Grecs et des Romains.

Tandis que d'après les législations de ces derniers peuples, les esclaves étaient placés sur le même pied que les animaux domestiques et qu'un Aristote énonce l'énormité que la Nature elle-même a établi deux classes d'hommes, l'une pour commander et l'autre pour obéir, que dans Lacédémone l'esclave ne possédait pas plus de droits vis-à-vis de son maître qu'une bête de somme vis-à-vis de son guide, la loi juive, la Bible et le Talmud, n'admettent pas de différence de traitement entre le maître et l'esclave : même table, même genre de couchette, même entretien de la famille chez l'un et chez l'autre, repos absolu le jour du Sabbat, puis encore cette particularité que le jour où l'esclave, au bout de son terme, quittait son maître, celui-ci devait charger son ancien serviteur de

1. Voir plus haut.

grandes largesses en dons de toutes sortes. En un mot, le traitement général accordé à l'esclave était humain, presque doux. Notre premier chapitre a exposé ce traitement dans ses détails, nous nous y référons. Nous en reparlons ici uniquement pour mettre en relief les principes humanitaires de la loi juive et sa tendance de concilier les différentes classes sociales, principes et tendance qui, comme on voit, sont carrément en opposition avec la conception des peuples de l'antiquité sur cette matière.

En première ligne, l'esclave israélite est socialement placé à un rang à peine inférieur à celui de son maître, il est presque son égal, il est désigné par le mot « ton frère » ; le mot « esclave » dans le sens de subordonné, de dépendant, de paria, d'homme de race ou de caste inférieure et vile, n'existe pas dans la langue hébraïque. Le mot « Ebed » qui le désigne, dérive du verbe « abad » dont la traduction est « servir » et qui est employé pour désigner toute personne qui rend service à quelqu'un et qui est à sa dévotion. Les personnes de rang élevé dans l'Etat ou dans la vie privée ne s'offusquaient nullement de porter ce nom : Moïse, David et tant d'autres n'avaient pas honte de se donner eux-mêmes le nom d' « Ebed Adonaï »; serviteurs de Dieu, ils s'en glorifiaient même. L'*Ebed* devait être traité comme le *Sachir* (mercenaire, ouvrier à la journée) ; le temps de service chez l'un et chez l'autre était temporaire et limité ; chez le dernier, il était limité à un jour, avec la faculté d'être renouvelé librement d'une manière indéfinie ; et chez le premier, pour un terme ne pouvant pas dépasser en une fois *six ans*. (Lév. xxv. 40).

La femme esclave jouissait des mêmes faveurs que l'homme «Ebed», à la différence cependant toute à son avantage, que son état l'élevait au rang de candidate épouse — légitime — de son maître ou d'un de ses fils. Si le maître se refusait à l'épouser ou à la donner en mariage à un de ses fils, par ce refus il contractait l'obligation de donner à cette esclave à bref délai sa patente d'affranchissement sans droit de réclamer une indemnité (à cause de sa perfidie, dit le texte). Il lui était interdit de céder son esclave en cette qualité à une autre personne ou de la vendre. (Ex. XXI. 7 à 11).

Nous avons une preuve irréfutable que ce traitement de douceur à l'égard des esclaves n'était pas seulement une disposition inscrite dans la loi, mais qu'il était entré dans les mœurs du peuple. Nous possédons cette preuve dans le fait, que pendant toute l'époque de l'indépendance du peuple d'Israël, l'histoire ne mentionne aucun soulèvement, pas la moindre trace d'une de ces révoltes d'esclaves qui furent si fréquentes ailleurs et surtout chez les Romains et qui, pour la durée et pour la cruauté, étaient, d'après Montesquieu, comparables aux guerres puniques.

La différence des mœurs, aussi bien que la différence des lois sociales, étaient la cause de ce traitement si opposé chez ces deux peuples contemporains non moins que la différence si énorme de leur genre de vie : simplicité de mœurs, activité et sobriété chez ce peuple d'agriculteurs qu'étaient les Juifs ; opulence, luxure et fainéantise chez les Romains de l'Empire.

7) Créancier et Débiteur.

Après avoir exposé les rapports des maîtres d'un côté et des serviteurs et des esclaves de l'autre chez les Israélites, rapportons encore brièvement ceux qui existaient entre les créanciers et leurs débiteurs.

Chez les uns comme chez les autres, c'est l'humanité s'harmonisant avec la justice qui en réglait les mouvements. Si à Athènes le créancier possédait le pouvoir de réduire son débiteur à l'esclavage, et qu'à Rome la jurisprudence du pays lui octroyait des droits excessifs sur son débiteur, même celui de le charger de chaînes, d'user de toutes sortes de procédés de brutalité à son égard, de le frapper, de lui enlever ses enfants et de les vendre comme esclaves : la législation juive s'inspirait, au contraire, comme nous venons de le dire, exclusivement de sentiments de clémence et de principes humanitaires dans les dispositions qu'elle édicte en cette matière. Non seulement ces dispositions peuvent supporter avec avantage une comparaison avec les législations des peuples placés à l'avant-garde des nations de nos jours, mais incontestablement elles méritent, aujourd'hui encore, la palme pour leur supériorité.

Les devoirs du débiteur sont ainsi définis : il doit se reconnaître obligé par tous les liens de justice, de probité et d'honnêteté, de s'acquitter de sa dette, de payer ce qu'il doit et de restituer ce qu'il pourrait s'être approprié contrairement au droit de la justice. S'il ne le fait pas, la loi le qualifie et le traite de « méchant » et de « malfaiteur ». « Le méchant emprunte et ne rembourse pas, — le juste est gracieux et donne en abondance. » (Ps. XXXVII. 2).

Mais si poursuivi par le malheur, le débiteur ne peut pas s'acquitter en temps utile envers son créancier, celui-ci est moralement et légalement obligé d'user de la plus

grande indulgence à l'égard de son frère malheureux :
« Si ton frère fléchit, tu lui viendras en aide par des
prêts. » (Lév. xxv. 35). On n'y parle pas d'aumônes, mais
de prêts, partant du principe que les aumônes données à
une personne valide l'humilient et l'exposent au danger
de s'habituer à vivre aux dépens d'autrui, tandis que des
prêts peuvent puissamment aider à remettre à flot les
affaires de l'emprunteur, à ranimer son courage, à fortifier sa volonté de se relever et finalement à le préserver
de toute humiliation. (Sabbat 63 a). Ces prêts sont accordés
sans intérêts (Ex. xxii. 24) et nonobstant les rapports
d'obligeant et d'obligé que cette œuvre de charité crée
entre le prêteur et l'emprunteur, le premier ne doit en
rien diminuer les égards dus au second. (Voir Raschi sur
ce verset).

Si le malheur s'acharne sur le débiteur et le réduit à
l'impossibilité de s'acquitter de la dette contractée et si
pour garantir son créancier contre tout risque de perte de
son prêt, l'emprunteur offre au prêteur un gage, celui-ci
peut l'accepter, en usant toutefois d'une grande indulgence
et de délicatesse vis-à-vis de son débiteur. Ainsi il ne
pourrait accepter en nantissement de sa créance ni couchette, ni couverture, ni outils. (Ex. xxii, 25, 26 ; voir
aussi Deut. xxiv. 6 et Baba Mezia 113ᵇ). Et si en fin de
compte le débiteur ne parvient pas à faire honneur à son
engagement, la septième année proscrit la dette. (Deut. xv).

Toutefois pour prévenir tout abus possible, le Talmud
(Hillel) a institué le « Prosbol », document par lequel le
débiteur s'engage à faire honneur à son obligation.

Dans les pages précédentes, nous avons envisagé les
rapports réciproques des riches et des pauvres au triple

point de vue du maître et du serviteur (ou de l'esclave), du patron et de l'ouvrier, du créancier et du débiteur, ainsi que les devoirs qui en découlent pour les intéressés de part et d'autre.

Si la loi juive ne parvient pas à écarter entièrement les antithèses qui peuvent naître dans les rapports de ces trois classes sociales, du moins elle en atténue les conséquences fâcheuses dans la mesure du possible, elle adoucit l'âpreté de l'antagonisme et supprime l'amertume de la lutte.

8) Traitement des invalides.

Dans les trois catégories précédentes il n'est question du côté des déshérités que de personnes *valides*. Les rapports changent complètement de face, lorsque la classe dite *vaincue* représente des invalides, des malades, des estropiés, des vieillards, enfin tous ceux qui n'ont pas la capacité de travailler et d'offrir par cette prestation une compensation à la Société qui soit équivalente au coût de leur entretien et qui, par surcroît de malheur, n'ont pu se créer une caisse de réserve pour y suppléer.

Si nous avons vu qu'aussi longtemps qu'une personne est à même de se procurer sa subsistance par une occupation honnête, elle doit s'interdire de réclamer un secours gratuit ; la loi nous montre, que du moment que le pauvre au corps affaibli ne peut plus se suffire par son travail, il entre dans la catégorie des nécessiteux invalides et qu'à ce titre il est digne de la sollicitude de la Société, nous dirons de toute sa sollicitude.

Représentons-nous un instant l'état d'âme d'un malheureux, devenu incapable soit par accident, soit par caducité ;

il a conscience de ses devoirs, il éprouve le désir de contribuer pour une part, quelque minime qu'elle soit, au bien de la généralité et il voit sa volonté frappée de stérilité, ses forces le trahir et ses généreux efforts tomber à néant. Sa dignité humaine souffre de cette déchéance, sa fierté se révolte à la vue de son incapacité et de son inutilité dans la société humaine, il éprouve une humiliation atroce de se voir, triste épave, à la merci d'un sort ingrat, de se savoir réduit à vivre de la charité d'autrui, à recevoir de l'assistance publique le peu dont il a besoin pour vivre, à en solliciter l'intervention. Peut-être, à une époque antérieure, avait-il été dans une situation aisée, avait-il joui d'un bien-être et d'un confort familial relatifs ; peut-être aussi a-t-il à se reprocher quelque dureté de cœur, d'avoir eu l'œil sec à la vue de l'infortune d'autrui, l'âme réfractaire à la bonté en présence d'un miséreux, d'un sourd, d'un muet, d'un aveugle, d'un estropié, d'un paralytique et d'un vieillard décrépit ; d'avoir détourné la tête là où la compassion aurait dû éveiller la commisération dans son cœur, lui faire venir les larmes aux yeux et lui faire tendre la main et ouvrir largement la bourse. Il est anéanti, abîmé de douleur, inconsolable, humilié jusqu'au fond de son âme et cependant, il est obligé de demander l'aumône, de solliciter un secours ; sa situation lamentable l'incite à pousser des cris de douleur, mais non, il doit dévorer sa peine, adoucir sa voix, lui donner une intonation suppliante et, les yeux baissés et la mine abîmée, il doit solliciter, mendier une assistance qui peut-être n'est pas accordée de bon cœur.

Le Talmud connaît l'âme de ces malheureux, il dit en parlant des pauvres honteux : « Dès que l'homme se sent

dans la situation de vivre de l'assistance d'autrui, il change
de physionomie, son visage prend une autre expression. »
(Berach. 72 a). La vie du nécessiteux perd tout charme,
elle cesse d'avoir du prix pour celui qui, souffrant de la
faim, doit s'asseoir à la table d'autrui (Béza 32 b). « La
personne obligée de tendre la main pour sa subsistance
quotidienne, perd l'éclat de ses yeux, sa vue s'obscurcit. »
(id.) « Que doit faire l'homme incapable de travailler,
peut-on le laisser mourir de faim ? » (Kidd. 82 a). « Le
plus misérable parmi les pauvres est le malade. » (Ps. XLI. 1.
Nedarim 40 a).

Pour cette classe de pauvres, non seulement les parties
législatives, mais aussi les passages poétiques de la Bible,
sont d'une tendresse et d'une sollicitude surabondantes.
Les dispositions légales tendent à prévenir la pauvreté,
nous l'avons vu, mais comme la misère ne peut pas être
extirpée de partout, la loi ordonne qu'à chaque troisième
année la dîme sera abandonnée aux pauvres qui, comme
on sait, ont déjà droit au coin des champs, au grapillage
et au glanage, droit à la cueillette des fruits la septième
année et l'année du Jubilé, droit à des dons abondants les
jours de Sabbat et de fêtes et ainsi de suite.

Et en dehors de ces dispositions légales qui imposent
une vraie obligation, la charité privée s'est ingéniée à
instituer des organes philanthropiques dans toutes les
villes, dans tous les villages et hameaux, des institutions
charitables de toutes sortes, des institutions pour offrir
la nourriture aux pauvres — on le voit, les cuisines popu-
laires de charité et les soupes scolaires ne sont pas d'invention moderne — pour les vêtir et pour les héberger.
(Baba Bathra 8 a). Et là où la charité publique ne pouvait

pas suffire ou ne parvenait pas à intervenir, la charité privée y suppléait abondamment. Le Talmud dit : « Celui qui sauve la vie à un malheureux, a le mérite d'avoir pris part à la conservation du monde » (id. 11 a). Y voir aussi le récit suivant : « Une femme se présenta un jour devant R. Benjamin, préposé à une institution charitable et lui dit : Rabbi, de grâce, accordez-moi un secours, car je me trouve dans une grande misère. Le Rabbi lui dit : hélas, la caisse est vide, et de fait, il en était ainsi ; la femme lui répliqua : alors, il ne me reste plus qu'à mourir de faim, moi et mes sept enfants. Le Rabbi, touché de pitié, bien que pauvre lui-même, accorda alors à cette femme de sa caisse privée de quoi la nourrir ainsi que ses enfants. »

« Celui qui fait la charité à un pauvre, prête à Dieu. » (Ps.) Le plus petit don accordé à un pauvre est agréable à Dieu qui, en reconnaissance, comble de bontés le donateur. (Baba Bathra 11). « Celui qui donne au pauvre ne fût-ce qu'un denier, s'attirera six bénédictions. » (id.) « La parole du prophète : « il (l'homme de bien) se revêt de bienfaisance comme d'une cuirasse » doit être interprétée en ce sens : comme la cuirasse est composée d'innombrables écailles, de même Dieu additionne les bonnes œuvres de l'homme pour l'en revêtir comme d'un manteau invulnérable. (id.)

« A celui qui a le vif désir de faire la charité, Dieu procure les moyens d'accomplir son désir. » (id.)

« Celui qui pratique la charité et accomplit des œuvres de grâce envers son prochain, trouvera lui-même de la bienveillance et un secours efficace en cas de besoin. » (Sabbat 151 b).

« Les bienfaits que l'homme répand sont à comparer à

la semence que le semeur confie à la terre, elle germe, se lève et rend au centuple. » (Aboda Sara 5 b) [1].

Les œuvres de charité sont indistinctement dues à toutes les créatures humaines. On est mal venu de demander à un nécessiteux qui a faim, qui est peu vêtu, qui a froid, qui est sans abri : « Quels sont tes antécédents, pour que je juge si tu es digne de recevoir un secours.

« Il est prescrit de donner au pauvre qui est obligé de pérégriner à travers pays, pour le moins une miche de pain et, si la nuit tombe, un gîte, pour passer la nuit et si le lendemain est un Sabbat, on ne peut lui donner moins que de quoi se procurer trois repas. » (Baba Bathra 9 a).

1. La vraie charité ne spécule pas sur la récompense ni ne demande de rémunération en échange des œuvres qu'elle accomplit, elle est *autonome*, c'est-à-dire spontanée et désintéressée ; mais n'est-ce pas dans la nature des choses, que le Père des humains, le Bon parfait, trouve plaisir aux œuvres charitables de ses enfants et, en raison de cette satisfaction, leur témoigne de la bienveillance ? La bonne œuvre de l'homme et la satisfaction de Dieu se trouvent en action réciproque, l'une est la conséquence naturelle de l'autre, l'effet d'une cause. L'homme donne au témoignage de la satisfaction divine le nom de récompense et c'en est une ; mais comme l'intention de l'homme en faisant le bien, n'était pas intéressée, son action ne peut pas être qualifiée d'égoïste.

Ainsi les philosophes-moralistes qui s'élèvent contre ce système de promesse que la religion offre à l'homme de récompenser ses bonnes œuvres n'ont raison qu'en ce qui concerne le principe, mais non dans les conséquences ; la différence porte sur le nom et non sur la chose.

Nos sages docteurs disent également (Aboth I. 3) : « Ne soyez pas comme des serviteurs qui servent leur maître dans l'intention de recevoir un salaire, mais comme des enfants qui servent leurs parents par amour, et que la crainte de Dieu soit sur vous. »

Il n'est pas permis d'humilier le pauvre quand on lui offre un secours. Un prêt est préférable à une aumône (nos sages docteurs répètent fréquemment cette vérité); il lui permettra de gagner sa subsistance par son travail, et enfin si l'on procure au pauvre une occupation ou une situation avantageuse, c'est une œuvre de charité de première valeur. (Sabbat 63 a).

Aucune différence ne doit être établie entre l'indigène et l'étranger, lorsqu'il s'agit de calmer la faim ; seulement lorsqu'il est question de venir en aide par des prêts ou pour procurer des situations sociales aux pauvres, les indigènes ont le pas sur les étrangers. (Baba Mezia 31 b).

Et combien sont touchantes les prescriptions religieuses d'après le code juif, lorsque l'indigent à secourir est un pauvre honteux ou une personne déchue d'une situation prospère. Si son amour-propre souffre trop d'accepter des dons, on doit lui offrir les moyens de se relever, soit par un prêt efficace, soit en l'intéressant dans une affaire, soit encore, s'il est commerçant, en lui indiquant les sources où il pourra acheter les marchandises de première main et au meilleur compte et où les vendre à un prix rémunérateur. (Yoré Déah Hilchoth Zedaka 233. 11).

« Il y avait deux salles au temple, l'une portait le nom de salle des silencieux [1], l'autre de chambre des ustensiles. Dans la première, les personnes charitables de grande discrétion entraient pour y déposer leurs offrandes, et les pauvres honteux (pauvres, issus de bonnes familles) y venaient chercher leur subsistance. » (Mischna Schekalim v. 6).

---

1. Ne pas confondre avec le « Tamchoui ».

Ces lois ne sont pas restées des desiderata platoniques, irréalisables ou irréalisés, elles ne sont pas restées davantage des prescriptions de morale idéale, sans valeur pratique, prescriptions abandonnées au libre jugement et à la libre volonté des citoyens qui pouvaient les observer ou les négliger ; non, dans la législation juive, ces œuvres de charité étaient codifiées comme des lois de justice d'obligation rigoureuse, au même titre que les lois religieuses, civiles et pénales.

Grâce à ces dispositions légales dont la pratique a pénétré dans le sang du peuple et en a constitué les mœurs, les antithèses entre la richesse et la pauvreté étaient conciliées, l'antagonisme entre le capitaliste et le déshérité de la fortune, entre le patron et l'ouvrier, entre le maître et le serviteur devenait à peine perceptible, il ne pouvait être ni profond ni amer.

Conclusion.

Nous voici arrivé à la fin de cette partie de notre Etude.

Le résultat peut s'en résumer dans les points suivants :

1, La loi juive, telle qu'elle est exposée dans la Bible et développée dans le Talmud, conformément à l'interprétation selon la lettre et l'esprit des textes et de la tradition, proclame l'égalité des hommes devant la loi et d'une manière aussi manifeste le droit que possède toute créature humaine à la vie et au développement rationnel de ses facultés, tant physiques qu'intellectuelles, ainsi que le droit à une part équitable des jouissances de la terre ;

2, elle reconnaît toutefois que, par le fait que les facultés des hommes ne sont pas toutes d'une force équivalente et identique, et que, par suite de cette absence d'identité de leur puissance, les conditions de la vie se forment différemment chez les individus, une égalité même approximative dans les situations sociales, ne peut s'établir et si, par un pouvoir quelconque elle était imposée de force, elle ne pourrait avoir qu'une durée éphémère se rompant de nouveau après chaque rétablissement forcé ; elle déclare ensuite que, comme les contingences et les accidents de la vie varient eux aussi indéfiniment, souvent indépendamment de la volonté de l'homme, le rêve d'une égalité parfaite des conditions de la vie de l'homme est chose exclue de la réalité ;

3, elle reconnaît par contre la *solidarité* des hommes comme un principe immuable, une vérité absolue, qu'elle fait découler 1, du principe que les hommes sont créés à l'image de Dieu et que, comme représentants de cette image, ils doivent se considérer comme des frères et se traiter de même ; et 2, du second principe qu'en raison de l'instinct de sociabilité implanté dans le cœur de l'homme et en raison de la nécessité qui oblige les membres de la Société humaine de recourir constamment aux services les uns des autres, il existe entre eux une dépendance réciproque inévitable, une solidarité d'intérêts et une solidarité de personnes ;

4, elle enseigne ensuite, que cette solidarité et cette fraternité entre les hommes, comme principes et comme application, suppléent à ce que l'égalité a de défectueux, pour opérer la conciliation dés antithèses sociales, celles créées par les nécessités si variées de la vie physique et intellectuelle et celles suscitées par les passions des hommes ; puisque

5, la fraternité pour produire tous ses effets, a besoin d'être cultivée. Le moyen de culture le plus efficace est l'introduction chez le peuple de mœurs bonnes et sages. Cette implantation de mœurs dans la Société se fait par son éducation et celle-ci à son tour pour obtenir le résultat désiré réclame la coopération active d'une solide instruction. On voit que l'établissement des mœurs n'est pas l'œuvre d'un jour, mais le travail de plusieurs générations, travail auquel doivent prêter leur concours le sentiment du devoir bien cultivé et l'influence de bonnes et justes lois ;

6, *le travail obligatoire* pour tous est un moyen, préservatif et stimulant en même temps, de faciliter la conciliation des antithèses sociales. Comme moyen préservatif il garde l'homme de tomber dans l'oisiveté, cet état dissolvant et délétère, il le préserve encore de donner accès dans son cœur à la convoitise, à l'envie, à la jalousie et à la haine ; et de l'autre côté, il stimule toutes les énergies de l'homme et fournit au bien-être social sa part contributive.

Il résulte encore de notre Etude :

7, que les conditions d'état du pauvre et du riche, du serviteur et du maître, de l'ouvrier et du patron ont un caractère de relativité dans le fond et dans la forme et qu'en outre elles forment des nécessités dans la vie sociale ; en effet, il existe entre elles non pas une simple corrélation, mais une dépendance réelle réciproque, que par conséquent ces différentes situations d'états se doivent mutuellement estime et reconnaissance. L'estime la plus grande doit naturellement aller à la personne qui remplit le mieux ses devoirs ;

8, et comme conséquence des principes du travail obligatoire et de la fraternité du genre humain, telle que la loi juive l'enseigne : l'homme valide n'a droit à l'assistance de la Société — la collectivité de l'endroit de domicile et du pays — qu'accidentellement, c'est-à-dire pendant le temps que le travail chôme ; par contre la Société doit à l'homme invalide sollicitude, secours et assistance efficaces.

D'après la conception et la teneur de la législation juive, les hommes forment pour ainsi dire une Société fermée où chaque membre est l'égal de l'autre, comme les nœuds dans un câble, où chacun doit estime à son co-membre, où tous sont obligés de se prêter mutuellement aide et assistance. Cette législation a la justice comme fondation et la fraternité comme construction.

Matériellement chaque individu dépend de l'autre, moralement tous sont libres. Il n'existe dans la Société que cette loi envisage et pour laquelle elle a légiféré, ni privilège pour les uns, ni spoliation ou exclusion pour les autres. Les prêtres qui partout ailleurs jouissent de faveurs spéciales n'en reçoivent pas, du moins de matérielles, dans la législation juive. Correspondant à leurs fonctions toutes spirituelles, leur position sociale doit conserver le caractère de spiritualité. Quant à leur situation matérielle, elle dépend entièrement de la libéralité du peuple. Le temple les nourrit, mais en dehors des émoluments stipulés dans la loi, ils ne reçoivent ni salaire ni rémunération ; ils ne possèdent pas d'immeubles, ni champs, ni vignes, ni prairies en dehors du circuit entourant leur lieu d'habitation.

Certes, il y a dans la nation juive, dans le peuple et parmi ses prêtres, des personnes et des familles qui se distinguent de génération en génération, soit intellectuellement, soit moralement, soit encore par des services signalés rendus à la patrie ou à l'humanité et qui, eu égard à ces avantages, attirent sur elles l'attention du monde et obtiennent spontanément la vénération publique; mais ces personnes et ces familles ne constituent pas une classe séparée, légalement privilégiée par des avantages matériels et sociaux.

La loi exprime *deux* grandes maximes : 1. La terre appartient à Dieu, c'est Lui qui en est le propriétaire et le souverain maître. Il l'a abandonnée aux hommes pour en soigner la culture et pour jouir de ses produits. 2. En vertu de cette maxime les hommes ont à se considérer non comme les maîtres de la terre, mais comme les hôtes d'un amphitryon, comme des commensaux à la table d'un maître philanthrope. Entre eux il n'y a ni maîtres ni serviteurs, il n'y a qu'*un* maître, c'est Dieu, et les hommes sont tous les serviteurs du maître (Lév. xxv. 55), ils doivent s'entr'aimer comme les enfants d'un même père. Il ne leur est pas loisible de se considérer comme des serviteurs, c'est-à-dire, des êtres dépendant les uns des autres.

Le principe de l'égalité devant la loi ainsi défini et ainsi compris s'applique à tous les habitants de la patrie, aux indigènes et aux étrangers : « Une seule loi, dit l'Ecriture (Lév. xv. 16) et un seul droit pour vous tous, le régnicole et l'étranger. » L'étranger n'est pas un hôte, un intrus qu'on regarde d'un œil jaloux et méfiant, mais c'est un visiteur auquel on doit rendre le séjour agréable dans le pays.

Spinoza dit : « Dans aucun pays la misère n'est rendue plus supportable que dans la terre du peuple hébreu où les hommes se regardent comme des frères, où l'amour du prochain est considéré comme un devoir sacré et pratiqué avec générosité. Aussi s'explique-t-on pourquoi le citoyen israélite ne peut se trouver vraiment heureux que dans sa patrie, d'abord pour la raison qu'il y jouit de tous les droits d'homme libre et de citoyen indépendant, mais surtout parce qu'il s'y trouve en famille, dans *sa* famille, unie par des liens de fraternité. Dieu en est le père, Dieu en est le maître.

» Les occasions de dissensions, de guerres intestines et de révolte sont nécessairement rares dans ce pays. On n'y sert pas les hommes, mais tous, patrons et ouvriers, se considèrent indistinctement comme des serviteurs de Dieu et en s'humiliant devant lui, ils se rendent compte qu'ils accomplissent un devoir, ils savent en outre que l'acte de piété le plus agréable à ce Dieu, c'est la pratique de la charité. » (Traité théologico-politique, chap. iii).

SECONDE PARTIE

L'application à la vie moderne de la Sociologie selon la doctrine juive.

« Le vrai homme de progrès doit avoir pour
« point de départ le culte absolu du passé. »
RENAN.

EXPOSÉ PRÉLIMINAIRE

La vie d'un peuple ayant cessé d'avoir sa vie propre depuis une vingtaine de siècles et celle des nations modernes de haute culture est tellement différente qu'il paraît impossible de trouver entre elles des points de contact. Tout un monde les sépare, un monde d'événements, un monde de mœurs, d'habitudes, de modes de vie, non moins qu'un monde de pensées et de sentiments. Aussi toute tentative ayant pour but de vouloir adapter une législation vieillotte et surannée à la vie moderne ou de faire régir l'époque contemporaine par un ensemble de lois âgées de plus de trente siècles, paraît un essai fantaisiste frappé de stérilité et de caducité avant même d'être tenté. Un jeune homme plein de vie et de vigueur ne noue pas des liens

d'hyménée avec une vieille dame, si vénérable soit-elle.
Le soleil au zénith se refuse de contracter une alliance
avec le crépuscule : brume et demi-clarté d'un côté, feu et
lumière de l'autre ; vie primitive et simple par là, manifestation vitale intensive et variée à l'infini par ici ; ébauche
timide d'une industrie naissante et tâtonnement craintif des
transactions commerciales dans le milieu d'agriculteurs
d'antan, et une industrie hardie, développée, un commerce
mondial et merveilleusement ramifié dans la société
contemporaine. De fait, la société actuelle ne paraît avoir
aucune analogie, aucun point de comparaison avec le
monde de l'antiquité.

Et si ces difficultés pouvaient être surmontées, comme
nous admettons qu'elles le peuvent, nous verrions se
dresser devant nous un autre obstacle moins aisé encore
à écarter que le premier. Cet obstacle dépendant du domaine
du sentiment est réfractaire au raisonnement, sourd à la
persuasion, il ne condescend à céder qu'à un entraînement
plutôt irréfléchi, entraînement par suggestion ou par la
force brutale, et cet entraînement n'apparaît à aucun coin
de l'horizon pour enlever la barrière.

Cette barrière, on l'aura deviné, c'est l'absence de
sympathie pour le juif dans le monde chrétien, même
dans sa partie éclairée, et cette absence de sympathie va
jusqu'à l'aversion lorsqu'il s'agit de la doctrine juive. Ce
n'est pas la place ici de rechercher les causes de l'antipathie en question, disons seulement que la principale est
l'ignorance. On ne connaît le juif que comme caricature,
telle que le représentait la littérature jusqu'en ces derniers
temps encore, que la scène offrait en spectacle à un public
prévenu et que l'on conspuait dans la vie sociale, sans se

dire que cette caricature était le produit de persécutions séculaires, sans se dire aussi qu'elle était l'image de la personne non pas comme elle est en réalité, mais comme on voulait qu'elle fût. Quant à sa législation, on ne la connaît point ou guère. On a appris un peu l'histoire du peuple, mais toujours suivant l'interprétation chrétienne, on fait ressortir des récits de la Bible ce qui en est d'*accidentel*, on parle de la cosmogonie racontée dans la Genèse, de l'histoire du déluge et des miracles rapportés dans les parties historiques des saintes écritures et, comme ces récits se heurtent aux conquêtes de la science, — comme si la Bible prétendait être un compendium de science naturelle —, on se gausse de ces récits et on rejette tout, la partie historique, législative et prophétique ; on imite l'enfant qui, ayant trouvé une noix dans son brou, rejette le noyau avec l'écorce.

Voilà le jugement du monde éclairé.

Quant aux croyants parmi les chrétiens, l'existence du juif refusant de reconnaître ses dogmes, est déjà une offense à ses yeux ; ils ne voient en lui qu'un réprouvé, un maudit.

Les israélites eux-mêmes, dans leur généralité, du moins dans les pays occidentaux de l'Europe, ne connaissent plus leur législation et pour cette raison sont indifférents à son égard.

Et à un autre point de vue, les capitalistes s'opposeront à l'introduction d'innovations inspirées par la législation juive, parce qu'elles rognent leurs bénéfices, et les socialistes enfin, favorisés cependant dans cette législation, objecteront l'insuffisance de ce qu'elle leur accorde ; car en effet, elle s'arrête devant l'injuste et devant l'irréalisable,

Ainsi, comme on voit, cette législation n'a que des adversaires ; d'après les uns elle offre trop, d'après les autres pas assez ; pour les ignorants et les incroyants, elle est lettre-morte, pour les croyants une valeur méprisable. Qui veut sincèrement l'égalité, la justice, la fraternité, la liberté morale, bien entendu pour les autres autant que pour lui-même ? Où sont les champions de la solidarité humaine ? Par-ci, par-là, un généreux rêveur, un illuminé fantaisiste, un philanthrope idéaliste.

L'auteur de la présente Etude ne se fait aucune illusion sur le succès pratique de ses efforts. Il s'attend à ce que le résultat soit plutôt négatif. Et cependant il se croit obligé en âme et conscience de présenter au public ces modestes essais en vue d'améliorer l'état social lamentable dans lequel se débat la société contemporaine.

« Quelle est l'œuvre par excellence de l'homme ? demandent nos sages docteurs ; celle, répondent-ils, qui prend l'avenir en perspective et en prépare l'heureux avènement. » (Aboth II. 13).

Les faibles efforts de l'auteur tendent vers ce but ; pareil à une petite roue dans la machinerie de la vie sociale, ne doit-il pas offrir lui aussi son concours, si faible soit-il, pour assurer une marche régulière au mouvement de la Société ; homme conciliant lui-même, ne doit-il pas contribuer à établir la conciliation dans la société humaine ; patriote, ne doit-il pas chercher à être utile à son pays et à ses concitoyens ?

Les difficultés que nous venons d'accumuler sur notre route, difficultés sérieuses, obstacles encombrants qui militent tous contre l'introduction de lois, coutumes et mœurs d'un régime antique dans notre vie moderne, les unes à cause de leur vétusté, les autres en raison de leur origine dédaignée : ces difficultés et obstacles ne sont cependant pas insurmontables.

Plusieurs s'aplanissent dès qu'on les regarde courageusement en face, on en fait reculer d'autres rien qu'en les fixant avec autorité.

On suppose bien, qu'il n'est pas entré dans l'esprit de l'auteur de cette Etude, de vouloir appliquer à la lettre, à la société moderne les dispositions législatives d'une époque morte depuis de longs siècles, ni de faire revivre dans le monde actuel un état social qui n'a plus d'analogie avec lui.

La situation sociale a complètement changé, nous sommes d'accord sur ce point ; les mœurs ont évolué, qui voudra le nier? D'un autre côté, on ne peut disconvenir que les hommes sont restés des hommes avec leurs qualités et leurs défauts ; que leurs besoins naturels — matériels, spirituels et moraux — sont également restés sans changement notable, ils sont aujourd'hui de même nature et aussi pressants que jadis.

Les grands principes sur lesquels se fonde la Société, qui la dirigent, desquels doit s'inspirer toute législation sociale digne de ce nom et sur lesquels doivent s'appuyer les mœurs des peuples dans leur évolution, ces principes ne sont pas moins invariablement les mêmes.

L'aversion pour les Juifs, triste héritage d'un temps passé, doit diminuer en raison directe de l'augmentation des lumières que l'instruction tend à répandre dans toutes les couches sociales, et disparaîtra comme résultat final de la victoire de la lumière sur les ténèbres.

Nous essayerons dans les pages suivantes d'appliquer

aux situations actuelles celles d'entre les anciennes lois qui se prêtent à l'adaptation, naturellement avec les modifications que ces situations changées réclament.

Nous traiterons ainsi les questions suivantes :

1, Evolution ou législation ? 2, l'instruction obligatoire ; 3, application du principe de l'Egalité ; 4, application du devoir du Travail ; 5, résultat de la transformation du parti socialiste en un parti politique ; 6, la lutte entre le Capital et le Travail ; 7, projets de réforme législative concernant l'Industrie ; 8, concernant l'Agriculture ; 9, concernant le Commerce ; 10, question relative aux heures de travail ; 11, le repos hebdomadaire ; 12, les rapports entre les Socialistes et la religion ; 13, quelques lois détachées.

Pour ne pas nous répéter, nous laisserons dans l'ombre les lois fiscales, les lois d'hygiène, de féminisme, de militarisme, l'administration de la justice. Ces questions ont été traitées par nous dans notre « Eldorado retrouvé, l'Etat idéal ».

I. Evolution ou Législation ?

Nous nous sommes cru autorisé à affirmer qu'il découle
des principes exposés dans la première partie de notre
Etude, que le problème social pourrait recevoir une solution satisfaisante d'une manière paisible, sans secousse,
sans révolution, si les diverses classes sociales voulaient
converger leurs efforts vers la réformation des *mœurs
sociales*, afin de leur enlever l'acuité âpre de la lutte à
outrance, si elles voulaient s'unir pour apaiser les haines
nées de l'inégalité révoltante des positions de fortune
entre les hommes et d'autres causes d'injustice s'étalant
dans la Société actuelle, état attristant qui nous fait voir
ce spectacle mortifiant : d'un côté, opulence insultante,
orgueil et morgue, et de l'autre, misère noire, dénûment
et privation même de l'indispensable ; oisiveté, vanité au
sein de la classe possédante, travail et humiliation dans la
classe des déshérités, luxe effréné et jouissance par ici,
écrasement sans merci par là.

Cet état, quel que soit le point de vue sous lequel on
l'envisage, est injuste, inique et intenable à la longue.
Nous nous sommes demandé quel peut être le meilleur
procédé pour effectuer une réforme radicale des mœurs
sociales, et l'examen du problème nous a amené à le

trouver dans une des voies suivantes : ou dans *l'évolution* ou dans l'action d'une *législation progressiste* ou encore dans les deux voies conjointement.

La première voie, comme nous l'avons démontré à une autre place, est très longue, trop longue, pour nous permettre d'en attendre une solution efficace dans un temps rapproché. Un affamé doit être secouru sur le champ, de même qu'un abus doit être écarté promptement.

Une législation sage, pondérée, compensatrice est d'après nous seule capable de porter remède dans un temps raisonnable au malaise général actuellement existant, de refréner les écarts des opulents et d'atténuer les maux créés par la misère, d'amener la conciliation des classes et d'établir un état social tolérable sinon satisfaisant à une époque peu éloignée.

Les changements doivent s'opérer avec douceur et une certaine lenteur ; car, ainsi que le redressement de membres ne se fait pas sans douleur ni l'amputation d'un organe sans souffrance, de même les améliorations des positions de fortune et l'abolition d'abus ne peuvent s'obtenir sans faire pousser des cris. Plusieurs générations passeront avant qu'un état de compensation et de réparation puisse être établi d'une manière stable. Toutefois on évitera des retards inutiles ; moins on traînera, mieux cela vaudra. On est déjà entré dans cette voie. Des lois sociales d'importance relative ont amélioré ou sont en bonne voie d'exécution pour améliorer la situation de la classe des ouvriers.

Mais jusqu'à présent on n'a pu encore sortir des tâtonnements et des essais de la première heure ; puis, ils n'ont été tentés que dans une *seule* direction, celle qui vise l'amélioration de la classe des *ouvriers*. Aucune tentative n'a encore été fait pour améliorer la situation générale de la Société, embrassant toutes les classes.

C'est cette tentative que nous entreprenons dans le présent travail. La législation sociale juive sera le guide de nos efforts. Nous entendons par législation juive les doctrines et dispositions légales contenues dans la Bible (A. T.) et dans le Talmud. Cette législation a pris pour tâche de régler les rapports et les relations entre toutes les classes sociales ou, pour mieux dire, comme elle n'admet pas de classes sociales distinctes, entre les citoyens selon leurs occupations et leurs situations sociales. Elle entre dans les détails, envisage toutes les circonstances, toutes les situations, toutes les éventualités ; elle les soumet à une réglementation précise, mais suffisamment élastique pour éviter à la Société une immobilité gênante, toujours préjudiciable au développement d'une œuvre. Elle se garde de paralyser les mouvements, au contraire elle s'applique à stimuler le progrès.

Les principes sur lesquels elle repose et qu'elle a pour tâche de faire pénétrer dans la Société sont immuables, pareils aux rochers qui soutiennent la terre, mais l'application qu'elle fait de ces principes ressemble à de la terre glaise qui se prête à tout modelage. Ses administrations légales ont la faculté d'adapter les lois d'application aux conditions et aux situations de chaque époque. (Deut. xvii. 10. 11). Cette application évolue ainsi avec la Société. Nous essayerons d'opérer cette adaptation à un certain nombre de besoins sociaux.

Notre attention se portera avant tout sur la question de l'instruction qui, comme moyen de relèvement général, l'emporte sur tous les autres.

II. L'Instruction obligatoire.

Nous avons vu dans la première partie de notre Etude que l'israélite assigne à l'instruction et à l'éducation de son enfant une place prépondérante dans ses préoccupations et soucis de père de famille, qu'il les hisse au poste d'honneur. Pour lui, la dispensation de la nourriture spirituelle à son enfant a une importance égale à celle qu'il doit attacher au soin de pourvoir son enfant de la nourriture matérielle et du vêtement. Le maître est appelé *père*, comme l'auteur des jours de l'enfant. (Baba Meziah ii. 11).

Le père juif ne jouit pas du privilège ironique et sot de pouvoir laisser croupir son enfant dans l'ignorance; le devoir lui est imposé, impérieusement, devoir prescrit par sa religion plus encore que par la loi naturelle, de lui donner ou de lui faire donner par un maître digne de sa confiance, une instruction solide et une éducation efficace. Pour le père israélite l'instruction obligatoire n'est plus un problème à controverse, c'est une question résolue depuis de longs siècles, c'est un fait accompli. Cette obligation est entrée dans les mœurs du peuple et est mise à exécution dans tous les pays où le sort l'a jeté, même s'il y vit dans les conditions les plus défavorables, comme actuellement en Russie, en Roumanie, en Perse et au

Maroc. (L'Alliance israélite universelle, dont le siège est à Paris, considère comme sa tâche principale de travailler dans cette direction).

La procréation confère au mâle la qualité de père ; au point de vue de l'animalité chez l'homme, les devoirs du père envers sa progéniture ne s'étendent pas au delà de ceux qui incombent à la brute mâle envers son petit, c'est-à-dire à peu de chose ; et en l'absence de *devoirs* il ne peut non plus être question de *droits* paternels. Mais l'homme est une créature à deux faces ; pour lui, la qualité de père implique des droits et des devoirs bien déterminés et qui sont en corrélation permanente entre eux. Les droits du père sur l'enfant sont des devoirs pour l'enfant envers le père et les devoirs du père envers l'enfant sont autant de droits que celui-ci possède vis-à-vis du père. L'homme, comme nous voyons, étant une créature matérielle et un être spirituel, les droits et les devoirs réciproques entre père et enfant, participent également et nécessairement de cette double nature. Or, un des droits de l'enfant, par conséquent un des devoirs du père, est pour le premier le souci et pour le second l'obligation respective de s'assurer ou de lui assurer le développement intégral de sa personne, ce qui revient à dire, le développement physique, intellectuel et moral. Ni le père ni le fils ne peuvent se soustraire à cette obligation ; au besoin, un troisième facteur également intéressé dans la question, pourrait intervenir et agir par contrainte : ce facteur, c'est la Société, représentant l'ensemble des individus et ayant dans ses obligations la sauvegarde et l'avancement du bien-être de la collectivité. Malheureusement, dans beaucoup de pays, la législation en cette matière ne s'occupe que des besoins matériels, en obligeant le père à pourvoir à la nourriture de son enfant pendant sa jeunesse et celui-ci à entretenir son père (ses parents) dans la vieillesse. Mais, nous avons vu que l'homme est aussi un être spirituel et moral et que comme tel il a des besoins qui demandent satisfaction au même titre que les besoins purement matériels. Leur satisfaction n'est pas une obligation moins sacrée que celle de contenter les besoins matériels.

Il résulte de cet exposé que l'instruction obligatoire est un devoir de première importance imposé au père de famille et subsidiairement à la Société.

L'objection que l'on entend élever parfois contre l'instruction obligatoire, portant qu'elle est attentatoire à la liberté du père, est une mauvaise plaisanterie ; autant vaudrait dire que l'obligation du père de pourvoir à l'entretien de son enfant, limite son droit à la paresse, et que la défense faite au père d'apprendre à son enfant le mensonge, la mendicité et le vol, constitue pour lui une restriction vexatoire à la libre disposition de ses droits naturels. Un alcoolique, un indigne, un idiot, peut-il raisonnablement se prévaloir de sa liberté de père de famille ?

La question de dépendance et d'indépendance de l'enfant à l'égard, de ses parents se présente encore sous un autre point de vue. A la naissance d'un enfant, il y a lieu de se demander, si la créature humaine qui vient de naître, par le fait de son appel à l'existence, ne constitue pas un être indépendant, détaché de sa souche, ou s'il en forme encore une partie intégrale, s'il reste sa vie durant attaché à l'existence de ses parents, un membre inséparable de leur corps et de leur âme, un organe nécessaire à leur propre vie? Le jeune être, après sa naissance, a naturellement encore besoin de ses parents pendant l'époque de sa croissance, mais il n'en est pas moins une créature distincte, ayant une vie propre et une destinée à part. L'enfant est une individualité séparée de celle de ses auteurs, il possède des dispositions, des goûts, des penchants, des inclinations qui peuvent être similaires aux leurs, mais qui parfois sont aussi bien différents; puis, n'a-t-il pas à faire sa propre carrière et à préparer sa destinée future? Le fait de cette séparation complète, de cette distinction consommée entre l'individualité des parents et celle de leurs enfants, ne constitue-t-il pas une limite bien déterminée à la liberté des parents, une limite au profit des enfants?

A quelles aberrations ne se laisse-t-on pas aller au nom de la liberté, ce don céleste accordé à l'homme pour pouvoir dignement accomplir sa haute destinée! La liberté est donnée à l'homme pour qu'il ait la faculté de choisir entre le bien et le mal, mais incontestablement pour qu'il donne la préférence au premier et qu'il se détourne du second. (Deut. xxx. 15 et 19).

Le droit de l'enfant au développement intégral de toutes ses facultés, partant à l'instruction, est un droit naturel, un droit absolu, droit que ni les parents ni la Société n'ont qualité de lui enlever, ou simplement de restreindre. Ce droit doit lui être assuré, et si on le lui refuse, il a l'obligation et le devoir de le conquérir par tous les moyens en son pouvoir, au même titre qu'il possède le droit de respirer l'air et d'avoir une part des richesses de la terre pour la satisfaction de ses besoins indispensables.

Une fois la question tranchée que l'instruction obligatoire est fondée sur les lois naturelles et sociales, puis celle que le devoir de dispenser l'instruction incombe en première ligne aux parents, puis à l'enfant, et en seconde ligne à la Société, c'est-à-dire aux autorités qui agissent en son nom, la question de savoir à qui est dévolue la *charge* d'établir les institutions d'instruction, en particulier de l'enseignement primaire, est également résolue.

Les parents sont le plus intéressés dans la question et par conséquent les premiers obligés à soigner pour l'établissement d'institutions d'éducation et d'instruction ; l'Etat est l'obligé subséquent.

Cette gradation dans l'obligation résoud du même coup la question relative aux charges financières résultant de l'instruction du peuple. Il est clair que ce sont les parents, s'ils ne sont pas dépourvus de tous moyens, qui ont l'obligation de supporter les frais de l'instruction, surtout de l'instruction moyenne et supérieure, s'il y a lieu ; la collectivité, c'est-à-dire les autorités publiques, n'ont à intervenir qu'en faveur des pauvres et encore pour leur instruction primaire exclusivement.

Des sociétés charitables instituées *ad hoc* ou des particuliers considéreront comme une mission sacrée de faire participer des enfants doués de dons naturels privilégiés aux bienfaits de l'instruction supérieure par l'institution de bourses d'études. Il apport aussi de cet ordre d'obligation, que le droit doit être reconnu aux parents de choisir l'établissement auquel ils désirent confier l'éducation de leurs enfants et à l'Etat la faculté de contrôler et de s'assurer, si la quantité de l'enseignement est suffisante et la qualité de bon aloi. — Nous parlons toujours de l'instruction primaire.

Dans l'élaboration du programme général, l'attention

doit se porter sur le développement intégral des facultés de l'enfant.

En effet, ce développement a plus d'importance pour l'enfant que l'acquisition de certaines connaissances élémentaires, car si ce développement reste arriéré et incomplet, l'enfant ne saura que faire des maigres notions de savoir qu'on lui aura serinées.

La quantité de l'enseignement, c'est-à-dire l'étendue des connaissances que l'enfant doit acquérir à l'école primaire, ainsi que le degré de son développement intégral, doivent être suffisants pour lui fournir les moyens de se débrouiller intellectuellement dans les cas ordinaires de la vie, de se servir utilement de cet instrument de sa pensée, d'acquérir la compréhension, du moins rudimentaire, des questions sociales, morales et scientifiques qui surgissent dans le cours de la vie humaine, ainsi que de se procurer les notions nécessaires pour pouvoir choisir judicieusement une carrière en harmonie, avec ses dispositions naturelles et son goût.

La qualité de l'enseignement n'a pas moins d'importance que la somme de connaissances qu'on veut offrir à la jeunesse. Bon nombre de choses apprises machinalement et sans emploi dans la vie usuelle s'effacent assez tôt de la mémoire ; tandis que les parties étudiées avec l'intelligence autant qu'avec la mémoire s'assimilent et restent un fond durable. Aussi l'instruction, comme on voit, doit-elle former particulièrement une gymnastique de l'intelligence, constituer un apprentissage de réflexion par l'observation et l'expérimentation, devenir une introduction dans le travail mystérieux de la pensée, un dressage de l'entendement, un exercice de la compréhension, un entraînement de la faculté de rechercher les causes et les effets des phénomènes aperçus dans la nature et dans les rapports réciproques des hommes. Par ce procédé l'instruction deviendra ce qu'elle doit être : l'acquisition pour l'enfant de l'habitude de réfléchir et de juger sainement les hommes et les choses.

Mais l'Ecole n'a pas failli à sa tâche si elle ne donne à la jeunesse qu'une instruction solide ; elle doit en outre lui offrir une bonne *éducation*. On ne peut que regretter vivement que l'éducation ne trouve pas dans les écoles publiques la sollicitude qu'elle mérite. On oublie trop, que c'est l'éducation conjointement avec l'exemple, qui sont les principaux facteurs propres à créer et à répandre les *bonnes mœurs* dans la Société. On se contente souvent, même dans les établissements privés, d'apprendre à l'enfant les belles manières qui, certes, ne sont pas à dédaigner, mais qu'on a le tort de présenter comme la quintessence des bonnes mœurs ; ainsi, au lieu d'agir sur le cœur de l'enfant, d'inspirer à l'organe du sentiment si impressionnable à cet âge, la douceur, la bonté, l'indul-gence dans l'appréciation, la patience et l'endurance, on dresse le petit homme ou la future femme à singer les usages maniérés des grandes personnes et on fait passer ceux-ci pour des vertus sociales ; on ne craint pas de sacrifier ainsi le vrai et le bon aux dehors brillants.

On oublie encore, que le premier des soucis de l'édu-cateur, le but vers lequel devraient tendre tous les efforts des parents et des instituteurs, ne pourrait être que celui d'inspirer et de tenir toujours éveillé *le sentiment du devoir* dans le cœur de l'enfant, d'entretenir en lui le vif désir de remplir ses obligations envers les autres, d'être sincère et honnête dans ses pensées et dans ses actes, à commencer par les jeux enfantins, de le prémunir contre le poison de la vanité et contre la tyrannie de l'égoïsme, de cultiver en son âme les grands principes de patriotisme et de nationalisme sans leur sacrifier toutefois les principes supérieurs de l'humanitarisme et de la solidarité du genre humain, enfin les principes de la paix et de la concorde.

Ce serait certes une bien belle chose, s'approchant de l'idéal, si l'on pouvait réunir les enfants de toutes les classes et de toutes les confessions dans les mêmes locaux des écoles publiques. La vie ne sépare-t-elle pas les hommes assez tôt dans notre Société, pour que l'on commence cette séparation déjà sur les bancs de l'école ? Le cœur saigne à y penser seulement et cependant, dans l'état actuel de culture de la Société prise en son ensemble, ce serait une cruauté de forcer les parents de haute culture de mettre leurs enfants en contact journalier avec des bambins grossiers, ignorants et souvent brutaux. Il faudra, pendant un certain temps encore, autoriser les parents aisés à entretenir pour l'usage de leurs enfants, des classes spéciales et payantes, en les obligeant cependant à admettre à titre gratuit 25 % pour commencer, mais en faisant augmenter cette proportion graduellement jusqu'à 50 %, des enfants du peuple dans leurs classes et cela en vue de préparer un acheminement vers la fusion des classes.

Quant à la seconde question, relative à la fusion des confessions à l'école, la réponse ne peut être qu'affirmative. Pour la lecture, l'écriture, l'arithmétique, la géographie; les éléments des sciences naturelles et sociales, il n'existe pas de question confessionnelle ; l'enseignement dans ces

branches est le même pour tous les écoliers. Toute tentative de séparer les enfants d'après leurs cultes respectifs,
serait non seulement un non-sens, mais ce serait un crime
de lèse-tolérance. L'éducation humanitaire, sociale et
patriotique ne diffère pas davantage selon les confessions.
Tous les enfants indistinctement peuvent se soumettre à
son influence. — La question change de face, si l'on
envisage l'éducation *religieuse* proprement dite. Liberté
pleine et entière doit être accordée aux parents de faire
compléter dans le local des écoles publiques — par des
cours spéciaux — l'enseignement moral et de lui faire
donner l'extension que ce sujet comporte ; au besoin, de
le faire imprégner de l'esprit de leur culte respectif. Cet
enseignement sera donné à des heures déterminées. Il
pourra être accompagné dans les mêmes conditions d'une
instruction religieuse confessionnelle. Il faut même, prévoir
et reconnaître licite l'établissement d'écoles (primaires)
confessionnelles distinctes ; ainsi le réclame le principe de
la liberté des cultes.

Cette question est particulièrement importante pour les
Israélites au point de vue de l'étendue de l'instruction
religieuse.

Quelque grand que puisse être leur désir de vivre de la
vie commune avec les citoyens d'autres confessions et
d'élever leurs enfants en bonne camaraderie avec ceux de
leurs compatriotes chrétiens, ils sont obligés dans certains
cas, d'établir des écoles séparées pour leur usage exclusif
et cela, pour la simple raison que le temps que les écoles
publiques peuvent raisonnablement consacrer à l'enseignement religieux est trop parcimonieusement mesuré.
Pour les Israélites dont les livres sacrés et les recueils de

prières sont écrits dans la langue hébraïque, l'étude de cette langue fait partie intégrale de l'instruction religieuse et morale et cette étude, on le devine sans peine, nécessite un grand sacrifice de temps. Cependant, hâtons-nous d'ajouter, ce temps n'est pas perdu pour l'instruction ; l'étude d'une langue et surtout d'une langue aussi concise et expressive que la langue biblique, développe l'intelligence des enfants dans une large mesure. L'expérience en fait foi.

Ce n'est pas que les israélites ne se rendent pas compte des grands inconvénients inhérents aux écoles confessionnelles, Si cela était en leur pouvoir, ils ne demanderaient pas mieux que d'éviter la séparation de leurs enfants d'avec leurs camarades de la même patrie et de la même localité, parlant leur langue, vivant en société d'une vie commune, partageant avec eux comme citoyens la même destinée, ayant les mêmes aspirations et nourrissant les mêmes espérances. Ils n'ignorent pas non plus que les écoles confessionnelles cultivent un esprit étroit et exclusif, plus ou moins, mais toujours entaché d'intolérance. Et cependant, soucieux qu'ils doivent être de conserver leur trésor religieux, héritage sacré de leurs pères, ils ne pourraient pas toujours se soustraire à l'obligation d'avoir des écoles à eux dans lesquelles l'instruction religieuse et l'enseignement dans la langue hébraïque pourraient être donnés dans une mesure suffisante.

Et en admettant même qu'ils parvinssent à vaincre ces difficultés, à trouver les moyens de suppléer par des cours spéciaux à l'insuffisance du temps mis à leur disposition dans les écoles publiques, ils rencontreraient parfois un autre obstacle, particulièrement pénible celui-là, qui les empêche, ou du moins qui doive les faire hésiter à mêler leurs enfants à ceux d'autres croyances. On ne peut se dissimuler que l'aversion qu'un grand nombre de chrétiens portent aux juifs est encore toujours vive, et, ne nous berçons pas d'illusion, persistera encore longtemps. Considérés par les aryens purs comme une race inférieure, par d'autres, comme les Russes, comme une race intellectuellement supérieure — les antisémites ne se piquent pas de logique — et par les chrétiens croyants comme une race réprouvée, celle des déicides, qui pour ces diverses raisons, a été pendant vingt siècles haïe, bafouée, maltraitée et foulée aux pieds, les israélites, disons-nous, quels que soient les efforts qu'ils puissent tenter, — et avec eux, de généreux chrétiens, — pour faire disparaître cette haine sourde ou ouverte, courront encore longtemps le risque d'exposer leurs enfants à un traitement peu charitable de la part de leurs condisciples appartenant à la majorité de la population scolaire.

Si en des pays avancés en civilisation, dont la Belgique, cette haine et ses suites tendent à diminuer et à disparaître, des vestiges se montreront encore assez longtemps dans certaines écoles, non seulement privées, mais publiques.

Ces deux raisons ne sont applicables qu'aux juifs exclusivement. Il y en a encore une troisième que pourraient faire valoir les parents juifs et les parents croyants parmi les chrétiens, c'est la question de la personne du maître chargé du cours de morale, de l'esprit qui règne dans l'école par rapport à la tolérance, puis de la sincérité de la neutralité de l'enseignement qui y est donné.

Il est connu que d'après le plus grand nombre de philosophes, la morale dite philosophique est une création chimérique, on pourrait même la qualifier de création chimique, la production d'une perle artificielle qui prétend remplacer avantageusement la vraie perle fine. La libre-pensée, considérée comme secte, a besoin de cette substitution pour légitimer son existence. Les religions dites révélées ne séparent pas la morale de l'idée de Dieu, c'est-à-dire de l'idée d'un Etre parfait, considéré comme le summum de la morale. Or, s'il y a une morale qui est commune aux religions sorties du Judaïsme, — juive, chrétienne ou mahométane, — l'interprétation peut cependant en différer notablement, suivant la conception que chacune de ces religions et même que chaque individu, membre de ces religions, se fait de l'Etre suprême, et là gît la difficulté, parfois un vrai danger que présentent les écoles mixtes ou neutres. On se demande qui va enseigner la morale? Si le professeur chargé de ce cours est libre-penseur, son enseignement moral sera froid, sec, doctoral, et donné sans grande conviction, il restera nécessairement sans impression durable sur la jeunesse ; si le maître est chrétien fervent, catholique ou protestant, pour lui, le Dieu servant de modèle à son enseignement moral sera naturellement la seconde personne de la trinité, personne que les juifs sont incapables de reconnaître comme divinité. Et comme les juifs forment partout la minorité, ce sont eux qui ont particulièrement à pâtir de cet enseignement. Ce danger existe réellement, certes moins dans les grandes villes où le contrôle est plus sérieux, que dans les villes de province et dans les villages.

Nous n'avons parlé ici que des inconvénients et du danger qui touchent les juifs ; nous laissons aux autres confessions intéressées dans la question le soin de faire valoir leurs raisons pour sauvegarder leur *domaine* propre[1].

Les enfants qui se contentent de l'instruction primaire fréquenteront l'école depuis l'âge de six jusqu'à l'âge de quatorze ans et *l'obligation* de la fréquentation devra s'étendre dans cette limite.

La question de gratuité de l'instruction primaire change d'aspect suivant le point de vue auquel on se place. D'après les principes de la doctrine juive, nous l'avons dit, c'est au

1. Il serait désirable que l'enseignement public et privé, indistinctement celui du degré primaire, secondaire et supérieur conservât un caractère laïc, sauf pour ce qui concerne l'enseignement religieux proprement dit.

Le prêtre, par sa situation particulière, formant une classe sociale à part, sans attache de famille, par conséquent sans connaître la vie psychique familiale, personnage étranger aux sensations qu'éprouvent les parents à l'égard de leurs enfants et à celles que ressentent les enfants envers leurs auteurs, non moins étranger aussi à la vie sociale en général : le prêtre, disons-nous, ne possède pas les qualités requises pour être l'instituteur de la prime enfance ; la bonté du cœur ne peut pas remplacer la voix du sang, ni les connaissances techniques compenser l'ignorance des voies mystérieuses de l'éveil de l'intelligence et de l'éclosion des sentiments.

D'autre part, le prêtre s'excluant volontairement de la vie sociale est peu apte à préparer la jeunesse de la seconde étape à la vie industrielle et commerciale avec ses exigences multiples et ses luttes incessantes.

Des chaires de sciences pures pourraient lui être confiées et encore de certaines sciences exactes seulement, car le professeur-prêtre n'a pas l'esprit suffisamment dégagé ou ne possède pas la liberté personnelle pour séparer toujours la science des dogmes.

Ainsi, comme on voit, son enseignement à tous les degrés de l'instruction, sera, quoi qu'il tente, exclusif et sectaire. Il y a incompatibilité entre les exigences de la science et le souci que le prêtre doit prendre de sauvegarder les intérêts de son sacerdoce.

père qu'incombe l'obligation *en première ligne* de faire instruire son enfant ; par conséquent, s'il possède les moyens de rémunérer ce service, il ne peut pas s'y soustraire. La Collectivité (Commune, Province, Etat), en ce qui concerne la question de gradation de son obligation d'intervenir dans l'entretien des Etablissements d'instruction, vient respectivement en second et troisième lieu. Elle peut user de la contrainte sur les parents négligents ou récalcitrants pour les obliger à remplir leurs devoirs éducateurs envers leurs enfants. Au besoin elle intervient en qualité d'autorité tutélaire.

Pour les enfants pauvres, il s'entend que l'instruction primaire doit être gratuite.

Quant à l'enseignement moyen, il formera pour beaucoup d'enfants la continuation de leur enseignement primaire, il donnera à celui-ci plus d'étendue et plus de développement, mais restera général pendant les deux premières années, afin d'avoir l'occasion d'asseoir sur des bases solides le développement intégral des facultés intellectuelles de la jeunesse studieuse et de donner à celle-ci un aperçu de toutes les connaissances humaines. Ces deux classes formeront ainsi avec l'école primaire un ensemble arrondi et achevé de l'instruction populaire.

A partir de la troisième année de fréquentation de l'école moyenne, correspondant à la quinzième année de l'élève, les études bifurquent et se spécialisent suivant les carrières pour lesquelles les jeunes gens montrent des aptitudes et des goûts préférés.

Dans les écoles moyennes et supérieures, le principe du libre examen doit être reconnu et appliqué : les sciences sont libres et indépendantes du dogme et de la politique.

Pour ce qui concerne le choix des carrières, il est logique que les parents, avant de se décider, consultent les dispositions naturelles de leurs fils, leurs propres convenances ne peuvent pas s'imposer, elles ne peuvent être prises en considération qu'en seconde ligne. En agissant ainsi, on rencontrerait dans la suite moins de cancres dans les écoles supérieures et moins de personnes déclassées dans la société que ce n'est le cas aujourd'hui. Les jeunes gens qui ne montrent pas des aptitudes particulières pour les hautes études devraient être dissuadés de suivre les cours de science pure. Ils seraient mieux à leur place et se rendraient utiles à eux-mêmes et à la Société, s'ils entraient dans d'autres carrières pour lesquelles ils possèdent des aptitudes naturelles, soit dans les métiers, soit dans les carrières libérales ou dans les arts. La stupidité et la vanité des parents font souvent le malheur de leurs enfants en les forçant d'entrer dans des professions qui ne s'harmonisent pas avec leurs aptitudes naturelles, tandis qu'ils en auraient fait des heureux, si on leur avait permis de suivre leurs inclinations. La Société ne perdrait pas tant de forces mal employées et au surplus elle compterait moins de mécontents.

Encore une remarque. Les études professionnelles devraient être plus techniques qu'elles ne le sont de nos jours et les hautes études, au contraire, plus théoriques et plus spéculatives. Les dernières ne tenteraient alors que les esprits d'élite et les personnes que les soucis de la vie ne tourmentent pas. De nos jours on confond généralement les études professionnelles dites libérales avec les hautes études.

Il va sans dire que les arts posséderont leurs académies et leurs conservatoires bien outillés et bien appareillés.

III. L'Égalité.

Le second principe dont l'application facilite la conciliation des antagonismes sociaux, c'est *l'égalité,* comme
nous avons essayé de l'établir dans la première partie de
notre Etude.

Depuis la Révolution française elle a trouvé dans la
plupart des pays de culture son admission officielle dans
les codes de lois, mais elle n'a pas encore pu pénétrer
dans les mœurs des peuples ; dans beaucoup de contrées
même elle n'a pas encore franchi le domaine de la théorie;
partout elle est encore plutôt apparente que réelle.

Aux sièges officiels de justice, reconnaissons-le avec
satisfaction, le principe de l'égalité est assez bien respecté :
la justice y est administrée d'une manière équitable, en
conformité des textes de loi, et on y applique au mieux de
l'entendement des juges les préceptes égalitaires qui y
sont énoncés et qui ont déjà été proclamés dans la loi
mosaïque en ces termes : « Tu ne commettras point d'iniquité dans tes jugements ; tu n'auras point égard à la
personne du pauvre et tu ne favoriseras point la personne
du grand, mais tu jugeras ton prochain selon la justice. »
(Lév. xix. 15). « Vous n'aurez point égard à l'apparence
des personnes dans vos jugements ; vous écouterez le petit

comme le grand ; vous ne craindrez aucun homme, car la justice est à Dieu. » (Deut. i. 17); « Justice, justice, tu poursuivras. » (id. xvi. 20). Cependant, même dans l'enceinte sacrée du prétoire, l'apparence prend parfois la place de la réalité : les personnages de haute qualité sont traités d'une autre façon que le commun du peuple.

Dans les administrations civiles, l'inégalité dans le traitement est bien plus accentuée encore qu'aux tribunaux. La vérité force à reconnaître, que dans les administrations les mœurs sont encore de cent ans en arrière de la lettre et surtout de l'esprit des lois. Ainsi dans la collation des places et emplois, on est témoin de passe-droits et de dénis de justice, témoin révolté de favoritisme et de népotisme. De fait, on ne le sait que trop, ce n'est pas toujours le savoir, le mérite, la dignité personnelle du candidat qui décident des nominations aux places vacantes ; ce sont plutôt la position sociale, les relations, la confession religieuse ou politique des candidats qui constituent leurs titres et leur font conférer les places.

L'égalité est encore bien moins observée dans la vie privée : des courbettes, des poignées de main, des salutations obséquieuses prodiguées aux grands, aux nobles, aux riches ; de la froideur, du dédain, tout au plus un mouvement de main protecteur, un coup de chapeau négligemment poli, comme marque de suprême condescendance accordée aux humbles et aux pauvres ; refus de témoigner du respect aux petits et aux nécessiteux, quelque méritoire et digne que soit leur personne, et obstination scandaleuse à fermer les yeux sur les indignités des riches.

On se demande avec angoisse, comment on peut corriger ces accrocs donnés au principe de l'égalité? Une seule réponse est admise à cette question. Il faudra poser de tout le poids de l'autorité du peuple et de toute la force de la Presse démocratique pour mettre fin à ces abus, pour faire cesser les dénis de justice, pour faire disparaître le favoritisme d'un côté et l'ostracisme de l'autre dans les administrations civiles et militaires. Il faudra signaler et punir sévèrement toutes les infractions faites au principe de l'égalité et, d'autre part, reconnaître publiquement et récompenser tous les actes qui se distinguent par l'application sincère de cette maxime sociale. En ce qui concerne la vie privée, le mépris doit frapper la personne qui l'enfreint.

Les Écoles rempliraient une grande mission, si elles inculquaient le principe de l'égalité à la jeunesse ; elles feraient œuvre hautement méritoire, si elles travaillaient de toutes leurs forces à faire pénétrer ce principe dans les us et coutumes des futurs citoyens.

La Presse de son côté ne devrait pas cesser de faire une propagande active en faveur de l'application de ce principe, de flageller les orgueilleux à la moindre infraction tentée contre l'égalité et de porter à la connaissance du grand public les actes méritoires qui la réalisent.

Ici encore la législation juive peut servir de modèle. Comme nous l'avons vu dans la première partie de notre Étude, de toute la force de l'autorité civile et religieuse dont elle est revêtue, elle s'applique à faire pénétrer dans le cœur du peuple auquel elle est destinée, le grand principe de l'égalité et à le réaliser en pratique dans toutes les directions. Dans son enseignement elle démontre aux fidèles que tous les hommes, descendant du même couple, sont égaux entre eux, ou comme Job s'exprime : « celui

qui m'a formé dans le sein de ma mère, ne l'a-t-il pas
formé lui aussi (le prochain), ne sommes-nous pas façon-
nés dans le même moule ? » (XXXI. 15), et en pratique elle
le démontre dans une infinité de lois que nous avons citées
plus haut. Partout et toujours elle exige de la part des
administrations et des individus la reconnaissance de
l'égalité : « une seule et même loi pour tous, pro-
clame-t-elle, pour les grands et pour les petits, pour les
indigènes et pour les étrangers, pas plus d'égards aux
personnes haut placées, que de faveurs imméritées aux
miséreux. » Le Roi lui-même est mis en garde contre la
présomption de se considérer comme issu d'une souche
supérieure. (Deut. XVII. 20).

Pour les personnes non sociologues qui ne lisent pas la
partie théorique de notre Etude, nous devons répéter ici,
que l'égalité des hommes est naturellement limitée par
l'inégalité de leurs forces physiques et intellectuelles et
par la différence de leurs aptitudes, et que ce fait est un
bien ; car sans cette inégalité le progrès de l'humanité
ne pourrait pas se développer librement dans toute son
étendue ; mais que l'on se garde de créer une inégalité
fictive et artificielle dans la Société, en tolérant et en
encourageant la distinction en classes dans les mœurs de
la nation, non en considération du mérite personnel des
individus et des services rendus par eux à la chose
publique, mais en raison de leur naissance ou de l'accumulation de leurs fortunes. Il faut proclamer la guerre à
l'égoïsme.

Nous avons également vu dans la première partie que
la séparation en castes et en classes distinctes dans la
Société aryenne est un legs des Grecs et des Romains, et

il faut déplorer que l'Eglise, en méconnaissance de sa mission, ait laissé subsister cette séparation à travers les siècles, sans tenter les efforts nécessaires pour la supprimer ou du moins pour en adoucir les effets. Elle-même s'est constituée en une caste séparée et privilégiée. Aussi assistons-nous aujourd'hui à cette triste constatation que la séparation en classes subsiste dans notre Société de fait, alors qu'elle est abolie dans la loi depuis plus d'un siècle.

Il serait temps que la Société moderne unît ses efforts pour faire cesser cet état de choses, qu'elle s'appliquât par tous les moyens légaux en son pouvoir à arrêter les abus qui ont pour cause la séparation des classes. Aussi longtemps qu'elle subsistera dans la Société, la fraternité et la solidarité entre les hommes seront paralysées dans leur marche en avant.

Combien ont tort les Socialistes, pris collectivement comme parti politique, de laisser perdurer et d'accentuer encore cette séparation en classes distinctes, en revendiquant pour eux la dénomination de *classe* prolétaire et en agissant en une classe distincte et ennemie des autres classes. Ce n'est pas en approfondissant le fossé de la séparation entre les classes qu'on aide à préparer leur nivellement final !

La démarcation hiérarchique et la gradation des positions dans les administrations, les usines, les fabriques, chantiers, ateliers, maisons de commerce, les services domestiques, ne détruisent pas le principe de l'égalité ; elles sont à comparer aux divers rouages d'une machine dont toutes les parties sont nécessaires pour assurer son fonctionnement régulier.

IV. Le Travail.

Le troisième principe conciliateur entre les classes est la *généralisation* du *travail*. L'application de ce principe doit s'étendre à toutes les classes et à tous les individus valides composant ces classes sociales. « Dieu plaça l'homme dans l'Eden pour le *cultiver* » dit la Genèse à sa première page, et « l'homme est né pour le travail » s'exclame Job.

Nous avons consacré dans la première partie de notre Essai tout un chapitre à ce troisième principe. Nous y avons démontré sous toutes les faces l'importance capitale de ce facteur de progrès dans la Société. Si nous y revenons à cette place, c'est que pour l'appliquer à notre Société, il est nécessaire de dissiper de tenaces préventions qui restent ancrées dans les esprits du monde contemporain contre lui. Le lecteur nous pardonnera l'ennui de nous voir reprendre une partie de notre démonstration.

La Nature est en perpétuel travail, sans relâche, sans repos ; les matières inorganiques comme les créatures organiques sont en mal d'enfantement ininterrompu. Chez les unes, c'est s'agréger, se transformer, se désagréger ; chez les autres, c'est germer, croître, se développer, se modifier, produire, tomber en décrépitude, se dissoudre, regermer sous une autre forme et ainsi de suite et « renouveler ainsi la face de la terre. » (Ps. civ. 30).

C'est par le même processus que le progrès s'opère dans la Société humaine. Si les hommes s'abandonnaient à l'oisiveté, ne fût-ce que pour un temps relativement court, la Société mourrait d'inanition, comme la Nature, faute de mouvement. Le devoir du travail est primordial, général, il incombe à toute créature humaine indistinctement, à chacune selon ses forces et ses aptitudes. Nul être humain valide n'a le droit de s'y soustraire.

« Le mal engendre le mal », (Aboth iv. 2) on ne le sait que trop. Par l'établissement de distinctions entre les hommes et leur division en classes, le forfait commis à l'égard du principe de l'égalité, a également affecté le principe du travail, c'est-à-dire l'obligation imposée à tout membre de la Société de payer son tribut au bien social et d'en généraliser l'application. Au lieu de cela nous voyons cette anomalie que telle classe vit dans l'oisiveté, dans la recherche avide de jouissances toujours renouvelées, tandis que telle autre est condamnée à vivre bâtée et chargée la vie durant, pareille à une bête de somme.

Cet état, on ne peut le nier, offense gravement tous les sains principes sociaux : il blesse autant l'équité qui proclame qu'à toute charge de devoirs doit correspondre une portion équivalente de droits, qu'il pèche contre la justice distributive qui veut que la balance des obligations et des prérogatives des membres d'une même société se maintienne en équilibre ; il ne trouble pas moins la paix et la bonne entente entre les hommes qu'il n'arrête le progrès de la civilisation, en laissant improductive une certaine somme de forces disponibles et utilisables ; en outre il fait naître et développer de mauvais instincts dans le cœur des déshérités de la fortune.

Fait curieux à retenir : La loi juive et comme conséquence naturelle les mœurs juives, se distinguent favorablement d'autres législations et d'autres mœurs sous ce rapport, comme sous d'autres, qu'elles appliquent l'obligation du travail à toutes les unités de la collectivité nationale, elles se distinguent, nous devons appuyer sur ce mot, prodigieusement des législations des anciens peuples et même de celles des nations modernes et contemporaines. Ainsi voyons-nous que l'israélite dans toutes les situations de la vie est actif et laborieux ; les antisémites qui tournent tout en mal, qualifient cette activité, du mot d'agitation fiévreuse, de nervosité, d'âpreté au gain. S'il y a aujourd'hui parmi certains fils à papa chez des sémites [1] de rares exceptions, c'est par esprit d'imitation et par contagion ; « le dolce far niente » s'apprend si facilement et si vite.

Le remède à porter au désœuvrement d'une grande classe de personnes, mal qui par suite de son infiltration dans les mœurs s'est si lamentablement développé dans notre Société et qui maintient la distinction barbare des classes sociales, le remède à ce mal, n'est pas difficile à trouver, mais il est mal aisé d'en obtenir l'application. Son emploi exige un entraînement pendant plusieurs générations. Les gens désœuvrés n'acquièrent pas l'aptitude au travail du jour au lendemain. Celui qui dans sa jeunesse n'a pas fait usage de ses bras pour une occupation utile, a

1. Pour parler la langue de MM. Edm. Picard et M. Donnay.

infiniment de peine à se mettre au travail à un âge avancé, à s'habituer à une occupation régulière et continue, même si elle n'est pas trop rude. Le remède se trouve, comme on voit, dans la *modification* des mœurs sociales. L'avènement de cette modification des mœurs sera plus ou moins secondé et hâté suivant le degré d'efforts de la Société pour répandre la diffusion de l'*instruction* dans la *masse* du peuple en vue d'en élever le niveau des connaissances et des aptitudes, et pour faire participer les *classes* dites supérieures, aux bienfaits d'une nouvelle *éducation,* basée sur la bonne compréhension des devoirs et des droits de chacun et appelée à maintenir la Société en un équilibre aussi parfait que possible : la modification doit ainsi s'opérer sur toute l'échelle de la Société.

Nous n'avons plus à revenir sur la question relative à l'instruction; nous avons démontré dans quel sens et dans quelle mesure elle doit être dispensée à la jeunesse de tout le corps social, surtout qu'elle doit être *obligatoire ;* mais on ne doit pas oublier non plus de rappeler les classes privilégiées à leurs devoirs en ce qui concerne *leur* éducation sociale. La législation a pour devoir de stimuler leur zèle dans cette direction.

S'il est contraire à la dignité humaine et préjudiciable au bien-être de la collectivité que l'homme valide s'adonne à l'oisiveté et au désœuvrement, il serait d'un autre côté odieux d'employer la contrainte et d'imposer un travail obligatoire d'une manière universelle ayant un caractère légal à tous les individus composant la Société ; la liberté individuelle en souffrirait dans son idéal et dans sa réalité.

Toutefois, partant du principe que l'homme est un être sociable et qu'en cette qualité il a le droit de jouir des biens qu'offre la vie sociale : protection de la vie, de son entretien et de sa conservation, sécurité dans la possession du fruit acquis par le travail et sauvegarde de l'honneur personnel : il est évident qu'il en résulte aussi pour lui l'obligation de contribuer pour une part proportionnelle à la production des biens sociaux. Nous en inférons, que si un individu ne fournit pas cette production en nature à la Société, c'est-à-dire, la somme de travail proportionnelle à ses capacités, il est moralement obligé et peut être légalement contraint par la Société d'en produire une équivalence d'une autre nature. Le contrat social qui est bilatéral donne sa pleine autorisation à cette mesure.

Cette production compensatrice peut se traduire par un impôt spécial : « l'impôt d'exonération du travail » ; il représentera en valeur monnayée la moyenne du profit que la Société retire du travail d'un de ses membres de l'âge et de la force capacitaire du réfractaire. Cet impôt est de toute justice.

Nous concluons ainsi, que la loi est parfaitement en droit de décréter, que tout citoyen doit respectivement apprendre et exercer un état utile, métier ou profession. Cet état est laissé à son choix, mais doit être exercé *effectivement*, faute de quoi l'impôt spécial lui est applicable.

Cet impôt, nous ne nous faisons pas illusion, ne sera pas accueilli favorablement par la classe dirigeante, il sera combattu par elle avec opiniâtreté, avec fureur même, sous prétexte d'être attentatoire au principe de la liberté, mais pour la vraie raison qu'il la gêne, qu'il heurte ses aises ou ses intérêts ; car, elle ne s'y trompera pas, cet impôt touche principalement, presque exclusivement, des individus appartenant à sa classe sociale, à la classe des privilégiés, et des jouisseurs. Une génération, peut-être deux, passeront encore avant que cet impôt soit agréé et voté ; mais, qu'on le veuille ou non, cet impôt sera introduit en fin de compte, il s'impose, étant juste, logique et commandé par une saine conception de la question sociale. Peu importe la fraude consistant en fausses déclarations qui se produira pendant les premiers temps suivant son introduction. Cette fraude diminuera à mesure que l'équité de cet impôt sera reconnue et qu'il sera entré dans les mœurs de la population.

Cet impôt prendra le caractère d'une mesure éducatrice, sociale et fiscale. Il servira d'avertisseur au grand public, lui apprenant que chacun a des obligations à remplir envers la Société, que personne n'en peut être exempté ni exonéré ; et si cet impôt prend aux yeux du public le caractère d'une peine quasi-infamante, comme il portera certainement le stigmate d'un formidable ridicule, son effet moral sera d'autant plus efficace. Son résultat *social* ne sera pas moins important, puisqu'il facilitera le rapprochement des différentes classes. Par l'élimination successive des jouisseurs dans la Société, l'impôt aura encore pour résultat d'enlever à la jalousie son principal aliment. Le fisc à son tour ne refusera pas cette bonne aubaine, qui lui permettra de dégrever d'autres impôts plus vexatoires et plus gênants.

Nous inspirant du même principe dans un autre ordre d'idées, nous voudrions voir imposer les célibataires récalcitrants, à partir de l'âge de trente-cinq ans, d'une taxe assez sensible. Les uns comme les autres, corrodés par le même vice : la concupiscence, le désir de jouir sans responsabilité et sans charge, constituent une lèpre dans la Société, empoisonnant et rongeant le corps social.

D'après nous, toute mesure propre à relever le sentiment du devoir et à faire progresser les mœurs sociales, est bonne, même si à première vue, elle paraît vexatoire.

En dehors des raisons qu'on fera valoir contre l'introduction de ces deux impôts, comme attentatoires à la liberté individuelle, raisons que nous avons rencontrées, on ne manquera pas de produire aussi la suivante : si tout le monde était obligé de travailler et de produire, l'encombrement des métiers et professions deviendrait terrible et la surproduction menaçante.

Ces deux questions, l'encombrement et la surproduction, sont des plus arduœs, des plus complexes et des plus difficiles à résoudre, nous le reconnaissons en toute sincérité, leur solution pèse d'un énorme poids sur la Société contemporaine.

Comme les causes de cet état sont multiplés et des plus compliquées, les remèdes le sont également. Ceux que l'on préconise et que l'on se donne tant de mal à appliquer, même au risque de dilapider les deniers publics ou de se jeter dans des guerres atroces, d'un côté la limitation de plus en plus rétrécie de l'âge des fonctionnaires et employés qu'on oblige de prendre leur retraite prématurément et d'autre part, la poussée vers la conquête de débouchés commerciaux, sont plutôt des palliatifs que des remèdes.

La première et principale cause du mal est, dit-on, la surpopulation de la terre, et ainsi présenté, le mal doit fatalement empirer d'année en année ; la perspective de l'avenir s'assombrit et de grise devient noire.

Nous sommes d'avis qu'on a tort de s'abandonner à ces

craintes pessimistes, nous disons en pleine confiance avec le psalmiste : « tout est fait avec sagesse dans l'œuvre de la création, la terre est pleine de richesses. » (Ps. civ. 24). La nature qui a donné à chaque créature, bêtes et plantes, les moyens de se suffire, qui les a pourvus d'organes et les a armés pour se défendre et prendre soin de leur conservation, ne peut avoir fait une exception pour l'homme. Si l'homme souffre du mal de la surpopulation et de l'encombrement des métiers, état qui lui rend la lutte pour la conservation si dure, c'est par suite d'un vice dans l'organisation de la Société dont la Nature ne peut être rendue responsable. Les hommes ne sont pas répartis sur la surface du globe proportionnellement à la productivité du sol. Une seconde cause du mal est que la culture du sol n'est pas appropriée à sa composition chimique : la culture au lieu d'être scientifique est restée routinière. Une troisième cause enfin doit être cherchée dans le drainage de la population vers les villes, donnant un trop-plein dans *une* direction et occasionnant un manque sensible de bras dans *l'autre*. C'est le développement excessif de l'industrie qui produit ce dernier mal. Comme elle est en situation d'offrir un prix plus rémunérateur du louage du travail que l'agriculture, l'industrie accapare toutes les forces vives de la Société. On considère cette hausse du salaire comme un bien, comme une augmentation de la richesse nationale, mais en réalité ce n'est qu'un leurre, puisqu'elle ne procure pas en même temps une augmentation de bien-être social ; on oublie que richesse et bien-être ne sont pas synonymes et que la première n'est pas nécessairement la compagne du second. Richesse signifie abondance et surtout possession du superflu, bien-être veut dire posséder les moyens de satisfaire les nécessités de la vie et en jouir en plénitude et en sécurité ; la première contient dans la quantité un quotient sans valeur, en outre, elle crée des soucis pour la conservation d'une chose inutile ; le second est une entité de nature parfaite ; la première aiguillonne le désir de toujours augmenter ce dont on n'a pas besoin, le second le refrène, puisqu'il est satisfait. Cette définition s'applique à l'individu.

Un Etat industriel est d'ordinaire plus riche qu'un Etat agricole et qui dit riche dit aussi plus puissant ; mais dans les Etats industriels il existe ce grave inconvénient que la division des hommes en castes et en classes est plus prononcée, plus accentuée et plus aiguë que dans les pays agricoles ou dans les pays où la population est mixte, c'est-à-dire là où elle s'occupe en partie d'industrie et en partie d'agriculture, et que cette division, nous ne pouvons pas nous lasser de le répéter, agit comme une vraie gangrène sur le corps social. On ne peut contester, que l'ouvrier agricole, vivant à la campagne, est moins sollicité par l'exemple du vice, par les incitations à la débauche ou à la révolte et partant est moins exposé aux morsures de la jalousie et de l'envie que l'ouvrier industriel jeté dans le tourbillon des grandes agglomérations, qu'il se sent plus satisfait, plus près de la nature que celui-là, bien que son salaire soit moindre. Il a également moins à souffrir de crises économiques que l'ouvrier industriel, le chômage étant presque inconnu à la campagne, et même s'il survient une disette de temps à autre, elle est moins désastreuse dans ses suites qu'une grève prolongée ou un chômage forcé d'une certaine durée.

La surproduction, si on ne l'arrête pas de force, devient effrénée par sa propre propulsion et peut porter, si elle n'est pas réglementée, un coup mortel à l'industrie. En effet, celle-ci, par le jeu naturel de la concurrence, est amenée à se contenter d'un bénéfice de moins en moins rémunérateur, et pour ne pas voir diminuer son bénéfice ou le moins possible, l'industriel est obligé d'augmenter son chiffre d'affaires, c'est-à-dire la production du stock des marchandises dans une proportion parallèle. Les concurrents, suivant un même raisonnement, sont obligés d'agir de même. Au bout d'un certain temps, le stock sur le marché étant devenu trop considérable, les uns et les autres verront leurs marchandises baisser de prix, en outre ils se trouveront dans la nécessité d'arrêter leur production, afin de permettre l'écoulement du trop-plein de leur stock. Cet arrêt représente une catastrophe pour l'industriel et équivaut à une douloureuse amputation pour l'ouvrier. Un pareil état ne pourrait se prolonger indéfiniment, il empirerait pour devenir irrémédiable. Il n'y a pas à dire, il est urgent que des mesures efficaces soient prises pour modifier radicalement cette situation devenue intenable.

La création de Syndicats de grands établissements d'industrie pourrait seule apporter un remède efficace à ce mal grandissant, en réglant selon les besoins la production de chaque genre d'industrie dans un temps donné. La justice commande que les ouvriers soient représentés dans ces Syndicats, par la raison que leurs intérêts sont en jeu autant que ceux des chefs d'industrie et que leurs intérêts sont aussi précieux que ceux des patrons.

Mais pour que les décisions des Syndicats produisent

tous leurs effets, il sera nécessaire qu'elles soient prises de concert avec les Syndicats des autres pays industriels. Ainsi, comme on voit, l'institution de *Syndicats internationaux* s'impose.

Un autre remède souvent tenté est la recherche de nouveaux débouchés. Cette œuvre est entreprise par des particuliers et par les gouvernements. Elle est difficile et dispendieuse pour les premiers et présente des dangers sérieux pour les derniers en ce sens, qu'elle pourrait amener des conflits entre ces pays et ceux pris en perspective comme débouchés ou encore entre la patrie et les pays qui comme elle convoitent les débouchés étrangers ; les premiers pourraient prendre ombrage pour leur indépendance nationale ou craindre de devenir la proie d'une exploitation outrée, et les seconds d'avoir des rivaux dangereux.

Toutefois, si l'on parvient à vaincre les difficultés et à écarter les obstacles et dangers, une génération ne passera pas sans que de nouveaux débouchés ne deviennent nécessaires et d'autant plus rares : la terre a ses limites et les pays inexplorés ou non encore mis en valeur par les peuples civilisés, deviennent de moins en moins nombreux.

Et après ? Lorsque la terre sera conquise et exploitée au bénéfice des civilisés, lorsqu'il n'y aura plus de chair fraîche à mettre sous la dent de l'homme vorace, la surproduction restera menaçante et grinçante pour la Société pareille à une louve altérée de sang. Si gouverner, c'est prévoir, il vaudrait mieux prendre ses précautions et, sans plus tarder, régler la production industrielle, que d'attendre le terrible et irréparable « trop tard ».

On dit qu'il n'y a plus sur la terre que *deux* rations

pour *trois* bouches. Si la statistique dit vrai, il ne faudrait cependant pas désespérer. On peut être sûr que la terre, même dans sa culture actuelle, produira toujours suffisamment pour nourrir ses créatures. « Fions-nous à elle, elle produira la nourriture pour tous en temps propice. » (P. civ. 27 et id. cxxxvi. 25). Puis la science ne tient-elle pas en réserve son cornet d'abondance, a-t-elle dit le dernier mot dans ses découvertes pour nourrir les hommes? La chimie qui a pris un si grand essor dans ces derniers temps, malheureusement aussi pour falsifier les denrées alimentaires, trouvera un moyen, on peut en être sûr, de procurer à l'homme une alimentation chimique ou autre qui soit saine et amplement suffisante. Quant au présent, tenons-nous-en à ce qui existe, à ce qui est aujourd'hui à la portée de l'homme. Chaque époque doit suffire à sa tâche. Protégeons l'industrie, développons-la par le perfectionnement des machines et des outils, augmentons sa productivité par une division judicieuse du travail, réglementons la quantité de la production par des mesures générales, pour qu'elle ne dépasse pas l'écoulement prévu, proportionné aux besoins locaux et aux besoins des débouchés assurés ; mais entourons surtout l'agriculture de toute notre sollicitude, elle nous le rendra en dons précieux au décuple, parfois au centuple. Plus on la chérit et s'occupe d'elle, plus elle devient à son tour prévenante, libérale et généreuse, plus on fouille la terre, plus elle met ses trésors à découvert.

En agissant ainsi on ferait un demi-tour vers un état social plus rapproché de la nature, partant plus sain. La chasse aux richesses deviendrait moins effrénée, et comme conséquence naturelle la tranchée qui existe aujourd'hui entre les deux camps ennemis, l'entassement de biens d'un côté et le dénûment de l'autre, serait moins large et moins béante, le luxe serait moins insolent en face de la misère comme pour la narguer.

« Si Dieu a donné la terre aux hommes » (Ps. cxv. 16) il ne pouvait avoir l'intention de la donner à quelques hommes pour en abuser, mais bien à toutes les créatures humaines pour en jouir équitablement.

V. Le Socialisme constitué en parti politique.

Dans les premières pages de notre Etude, nous avons essayé de découvrir les origines de la question sociale, de tracer rapidement l'histoire de son développement à travers les siècles, d'indiquer ce qui nous paraît juste dans les revendications des Socialistes et de signaler finalement leurs réclamations qui nous semblent utopiques, irréalisables, voire injustes.

La lutte entre les classes, s'est poursuivie dans le cours de l'histoire tantôt d'une manière latente, tantôt d'une façon aiguë et brutale. Depuis un demi-siècle environ, elle est devenue une lutte ouverte, franchement déclarée, constituant un état de guerre de tous les jours.

La classe qui s'intitule la classe des prolétaires, ne forme plus aujourd'hui un parti exclusivement économique, elle a hardiment arboré le drapeau politique, en opposition aux partis qu'elle qualifie dédaigneusement de classes bourgeoises, comme si celles-ci n'étaient pas, dans leur immense majorité, composées comme elle-même, de travailleurs et de personnes de fortune modeste, ce qui rend impossible l'établissement d'une ligne de démarcation nette entre elles.

Mais dans cette distinction tranchée et par son exagération même, on a moins en vue la question du travail proprement dit que celle de sa dépendance vis-à-vis du Capital, ainsi que de la dépendance de la classe des ouvriers et de salariés en général vis-à-vis des employeurs. Cette dépendance, disent les Socialistes, ressemble à un vasselage déguisé et répugne comme tel. On la qualifie d' « exploitation du Travail par le Capital ».

Tout homme sensé, non affecté de la fièvre de parti, trouvera une disproportion ridicule entre l'état réel des choses et ladite formule et une disproportion non moins grande entre cet état et l'acuité et la férocité de la lutte. Dans tous les cas, les Socialistes commettent une imprudence, disons une faute impardonnable, en se séparant ouvertement du reste de la Société, en se parquant en un enclos fermé de tous côtés, formant un camp ennemi défiant toutes les autres classes.

Que veulent-ils en définitive ? Il nous semble que leur ambition et leur rêve doivent se borner à réclamer une part équitable des biens que la Terre offre à la collectivité des hommes et une part non moins équitable de l'influence dans la direction de la Société, part proportionnelle à l'importance du concours qu'ils apportent au bien de la généralité. La satisfaction de cette réclamation devrait leur suffire et, maintenue dans cette limite, elle serait légitime, elle amènerait la Société vers un état de conciliation et de paix.

Mais que font-ils ? Ils demandent le bouleversement de la Société, le règne du nombre, l'influence prépondérante de leur classe sur les autres. Et quels sont les moyens qu'ils emploient ? La lutte entre les classes, la guerre à la bourgeoisie. Tous leurs efforts tendent, au lieu de combler les fossés de séparation, à les élargir davantage. La paix doit se faire sur les cadavres de leurs adversaires. Ils imitent les boxeurs qui pour fraterniser commencent à couvrir leur corps de bosses et de plaies. Les accolades ont lieu entre des éclopés et des estropiés.

Ce procédé paraît étrange, illogique et incompatible avec le principe de la tolérance qu'ils s'appliquent cependant à pratiquer largement sur d'autres terrains, entre autres dans les questions confessionnelles. Si les membres de ce parti se rangent volontiers dans la classe des anti-religieux [1], ils ne persécutent les adhérents d'aucune religion, ils combattent ce qu'ils appellent l'erreur, la superstition, le préjugé, mais ils n'attaquent pas les personnes pour cause de croyance ; ils s'insurgent contre les tentatives de l'une ou de l'autre confession, quand elles montrent des velléités d'empiètement sur le terrain civil et politique, mais ils n'ont pas de haine pour les personnes, fussent-elles prêtres.

Dans tous les domaines ils sont clairvoyants, prudents et tolérants ; comment, se demande-t-on, perdent-ils clair-voyance, prudence et tolérance, lorsque la lutte se porte sur le terrain des classes, pourquoi cette haine à jamais inassouvie pour la bourgeoisie qui hier formait encore la classe des déshérités de la fortune et vers laquelle vont leurs aspirations de demain ? pourquoi cette haine contre la bourgeoisie qui est une classe aussi laborieuse que la leur, aussi sobre et, ajouterons-nous, aussi dépen-dante qu'elle des fluctuations du mouvement économique,

1. Nous consacrerons un chapitre spécial à ce phénomène.

Ils répondent que la lutte n'est pas dirigée contre les personnes, mais contre le système social qu'elles représentent, c'est la lutte du travail contre le capital ; le mot est lâché.

Il n'entre pas dans le plan de notre Étude de nous lancer dans des questions d'économie politique ou d'économie nationale, comme les Anglais appellent cette science. Nous voulons rester sur le terrain social exclusivement. On sait, — les économistes l'enseignent ainsi — que le Capital représente le produit d'un travail antérieur et encore les forces et les énergies employées pour produire un travail. Or, si dans la Société, la chose se passait toujours ainsi, si effectivement la richesse représentait toujours un travail fourni actuellement ou dans un temps passé, les Socialistes ne pourraient élever aucune objection contre la fortune ou le Capital ; mais on ne le sait que trop, le capital est parfois aussi le produit d'actes indélicats et honteux (spéculations, vols, tromperies) ou d'anciens actes de prouesse par les armes (la fortune de la noblesse) ou encore le fruit d'exploitations de forces humaines employées comme outils (grandes industries réunies en trusts).

Le Capital mal acquis de quelque façon que ce soit porte le malheur dans ses flancs. Nous traiterons dans le chapitre suivant, du *Capital* qui est le produit de la première (acquisition honnête par le travail) et de la quatrième source (industrie et commerce) et essayerons de le concilier avec le *Travail*. Celui qui a son origine dans la deuxième source (vol, etc.) relève des lois répressives et celui de la troisième enfin (fortune de la noblesse) peut être laissé hors de cause dans notre Étude, le droit de critique étant périmé.

Mais quelle que soit l'origine du capital, pure, demipure ou impure, il est indisponsable dans la vie économique, — les Socialistes ont tort de ne pas s'ouvrir à cette vérité. — Il y agit en facteur de valeur égale à celle du travail ; ils forment, à eux deux, comme dans une opération arithmétique, les termes de l'opération, dont l'un est le multiplicande, l'autre le multiplicateur, l'un fécondant l'autre, pour réaliser la chose ouvrée comme produit. Ce produit est en général suffisamment riche et abondant pour donner une large compensation aux deux facteurs, pour offrir une rémunération proportionnelle au capital, c'est-à-dire à l'emploi du produit accumulé d'un travail antérieur, et un salaire équitable au travail actuel ; ces deux facteurs sont respectables à titre égal. Les attaques des Socialistes contre le capital comme co-facteur de la chose ouvrée, sont ainsi injustifiables.

Une certaine partie des Socialistes nourrit aussi la chimère de nationaliser les mines, les carrières, l'exploitation d'autres produits de la terre, en un mot, de toutes les industries de grande envergure et de tous les grands services sociaux. Elle présente cette utopie et la préconise comme la panacée contre tous les maux sociaux. Cette idée, au point de vue de la justice, est discutable, nous n'avons pas à nous en occuper ici, le côté économico-social seul peut nous toucher.

Il est prouvé, archi-prouvé, que la Société, prise comme collectivité indéterminée dans le nombre et dans les attributions, n'est pas placée dans des conditions favorables pour entreprendre la conduite d'une exploitation industrielle ; en tous cas, elle est moins apte à le faire que ne le sont des particuliers agissant individuellement ou réunis en une société limitée en nombre, où chaque membre est

placé là où il peut rendre le plus de services et où il
trouve dans son intérêt privé aussi bien que dans l'intérêt
de l'entreprise en général, l'occasion de déployer tous ses
efforts pour rendre son concours aussi productif que possible. La réalisation du rêve des socialistes constituerait
une grosse erreur ; elle serait également désastreuse pour
l'Etat et pour la collectivité. Mal organisées, exploitées
dans de mauvaises conditions et défectueusement admi-
nistrées, ces entreprises monopolisées par l'Etat, seraient
fatalement peu productives, en tous cas moins productives
que si elles étaient dirigées par une administration privée.
Quant au citoyen-ouvrier, il serait enrégimenté en corps,
formerait un simple rouage dans la grande machinerie de
l'exploitation et comme tel subirait une perte dans sa
liberté et une grande partie de sa dignité personnelle,
sans gagner un équivalent en sécurité ; il deviendrait en
définitive un outil passif dans les mains de l'administration, que celle-ci ait le caractère ouvrier ou bourgeois.
Le capitaliste à son tour, en voyant se rétrécir l'horizon
de son domaine, verrait se restreindre la liberté de ses
mouvements économiques et le produit légitime de son
capital ; et la bourgeoisie enfin, la grande masse du
peuple, perdrait presque la totalité de son champ d'activité ; en outre, tous indistinctement payeraient plus cher
les objets nécessaires à la vie. Ce mauvais pas aurait
encore pour conséquence de conduire la Société tout droit
vers le collectivisme qui, s'il n'était pas une utopie, serait
un crime de lèse-progrès et de lèse-civilisation. Nous
avons démontré dans la première partie de notre Etude,
que le Communisme et le Collectivisme, ces deux cousins-
germains, s'ils devaient s'installer dans la Société, arrête-

raient tout progrès social et paralyseraient tout développement humain ; ils amèneraient une longue agonie de la Société après un retour à l'état sauvage.

Ces tentatives formeraient une espèce de répétition des agissements des sectes des Esséneons et des Ebionistes dans la Judée à l'époque qui précéda et qui suivit la naissance du Christianisme et dont celui-ci, sous le rapport social, peut être considéré comme le produit naturel. Ce n'est pas sans raison que les Pharisiens qui constituaient la masse du peuple, les intellectuels de la nation, les bourgeois et la majeure partie de la plèbe, donc la presque totalité de la nation, ont combattu les doctrines de ces sectes. (On aurait tort de se représenter les Pharisiens d'après le tableau peint par les évangélistes qui, Esséneons, ne les aimaient pas). Pour les Pharisiens, c'est-à-dire pour la nation, le combat était une lutte pour le salut de la Société, abstraction faite de la divergence dogmatique de leur croyance. Le Christianisme, d'ailleurs, à partir du deuxième siècle de son existence, a lui-même abandonné l'application des enseignements de ses premiers maîtres — dans la question sociale — comme non-praticables.

Le salut de la Société ne peut pas sortir du collectivisme ; il s'obtiendra par la conciliation la plus intime possible du capital et du travail, ou plutôt du travail et du capital — car c'est le premier qui joue le rôle d'agresseur — conciliation telle que la conçoit le Judaïsme et telle que l'enseignent ceux parmi les économistes qui se tiennent sur le terrain de la réalité, et cette conciliation pourrait être préparée et amenée sans secousse, pour le salut des deux parties en cause et pour l'avènement de la paix sociale dans le monde.

VI. Le Capital.

Si par Capital, au point de vue de la science, on comprend l'*énergie* et l'*instrument* employé par elle, en d'autres termes, les facultés intellectuelles et la force physique d'une part, les outils et les machines d'autre part, à l'effet de produire par leur action combinée un *travail ;* ce mot change de signification dans le langage usuel du monde des affaires et désigne le *produit accumulé* d'un *travail antérieur*, mis en réserve en quantité suffisante pour pouvoir produire à son tour un travail subséquent.

D'après la définition, dans ces deux sens, le capital et le travail, comme cause et effet, sont inséparables ; ce sont deux facteurs dont la chose ouvrée est le produit. Ces facteurs sont en corrélation entre eux, dépendant réciproquement l'un de l'autre ; séparés, ce sont des non-valeurs, frappées de stérilité, comme dans un problème d'arithmétique, le capital en zéro temps ou le temps combiné avec zéro capital ne produisent aucun intérêt.

Aux yeux de la théorie, l'ouvrier réunit en sa personne les deux facteurs : le *capital,* qui est son énergie, ses bras et ses outils, et le *travail* qui est la mise en œuvre de ses forces ; mais dans la vie pratique l'ouvrier n'est considéré que comme un instrument de travail, un simple outil ou une force motrice mettant les outils en mouvement.

La lutte que le travail livre au capital tendant à le faire supplanter pour rester seul maître et arbitre sur le terrain de l'économie sociale, est une lutte incompréhensible, insensée, lutte qui ne peut avoir pour résultat que d'arrêter net toute activité sociale.

L'ouvrier, bien que réunissant en sa personne un petit capital et une quantité quelconque de travail, comme nous venons de le dire, ne peut pas oublier que le capital dont il dispose est en trop minime quantité pour qu'il puisse suffire à lutter avec chance de succès, contre le gros capital ; c'est surtout le cas à notre époque, où la lutte dans le monde industriel et commercial s'est généralisée dans tous les pays de culture et y est conduite avec un acharnement excessif. Ce capital resterait encore insuffisant, si un certain nombre d'ouvriers voulaient se coaliser, en réunissant leurs forces physiques et leurs faibles économies, pour constituer un capital en vue de l'utiliser dans une Société coopérative de production.

Une Société pareille ne pourrait jamais acquérir une grande importance.

Aussi les hommes sensés dans le parti socialiste, celui-ci considéré comme parti économique et non comme parti politique, n'entendent-ils pas supprimer le capital ; ils ne combattent que l'abus dont le capital se rend coupable à leurs yeux en voulant mettre main basse sur tous les avantages et ne laisser au travail que quelques bribes ; en d'autres termes ils se révoltent contre la disproportion établie dans la répartition des bénéfices réalisés, le capital prenant la part du lion et jetant au travail un os à ronger.

Quand on examine la chose de près, on ne peut méconnaître que dans la réalité la répartition ne se fait pas avec une équité scrupuleuse, qu'elle n'est pas davantage établie sur des bases scientifiques. On ne peut cependant pas affirmer avec justice que c'est toujours le capitaliste qui est le méchant accapareur, que c'est lui qui tire la couverture de son côté, mais on a lieu de constater qu'assez souvent c'est le travail qui, abusant de la force du nombre, joue ce rôle d'égoïste éhonté, procédé qui lui nuit autant sinon plus qu'au capital. Ne voyant que le présent dont seul il s'occupe, le travail néglige dans ses calculs un poste important : « l'aléa », auquel toute entreprise industrielle ou commerciale est inévitablement soumise. On voit qu'il y a erreur et manque de scrupule des deux côtés.

Nous essayerons au chapitre suivant, qui parlera de l'Industrie, de concilier les intérêts opposés du capital et du travail d'une manière aussi équitable pour les deux parties, qu'une œuvre humaine le comporte.

Nous insistons sur ce point, que le capital, étant un des deux facteurs indispensables qui ont le *produit* pour résultat, ne peut pas être supprimé ni être regardé comme une force négligeable, encore moins être traité comme une force ennemie, ainsi qu'une partie des Socialistes le prétendent. Il grandit même en importance à mesure que l'industrie et le commerce se développent et gagnent en envergure. Aussi, à notre époque, avec sa tendance de production intensive, si les deux facteurs économiques réunis veulent lutter à armes égales contre l'industrie à grande échelle de l'étranger, doivent-ils le faire également sur une grande échelle et d'une manière intensive. La lutte fratricide entre le capital et le travail devrait cesser sans retard.

Les Socialistes devraient en outre considérer que même, si les ouvriers d'une branche industrielle quelconque voulaient réunir leurs économies pour la formation d'un capital d'entreprise industrielle, ils ne pourraient acquérir la puissance que possède un syndicat de capitalistes.

La classe possédante accorde de préférence sa confiance en matière commerciale à la force intellectuelle, à l'expérience et à l'habileté qui assurent sécurité et bénéfice à leurs économies et non à la force physique et à la puissance du nombre qui sont plus exposées à les compromettre. Les fonds disponibles afflueront donc dans les caisses des capitalistes et fuiront celles des Syndicats ouvriers, même si elles daignaient les accepter. Ainsi, comme nous l'avons dit, le capital dont pourraient disposer au profit de leurs entreprises, les Syndicats ouvriers appelant à leur aide les quelques bribes d'économies surnageant sur les dépenses nécessaires pour la subsistance des classes ouvrières, ce capital représenterait le pot de terre en lutte contre le pot de fer.

Non, il n'y a pas à dire : les deux facteurs, le capital *et* le travail, ont tous les deux un droit égal à l'existence, ils se complètent l'un l'autre et ce n'est que réunis qu'ils font prospérer l'industrie et le commerce.

Une autre question, celle des trusts, s'est dégagée en ces dernières années de la formation des syndicats : ce sont des syndicats démesurément enflés, des syndicats monstres.

Le cumul de grands capitaux dans les caisses des syndicats, aux fins d'exploiter des entreprises industrielles à large envergure, a amené tout naturellement ces syndicats à se coaliser à l'effet de monopoliser entre leurs mains telle ou telle industrie ou tel ou tel genre de commerce ; voilà l'origine des trusts. Les Socialistes, jusqu'à présent, n'ont pas pris position, du moins une position nette à l'égard de cette nouvelle institution ; ils ont l'air de lui sourire pour le présent, espérant 1°, avoir la vie à meilleur marché, 2°, pouvoir ou se rendre maîtres un jour de ces trusts et les prendre en mains, ou 3°, agir un jour de même dans une direction opposée, c'est-à-dire, se coaliser et se constituer en un *bloc* pour former le trust du *travail*, à l'effet de monopoliser le travail comme les trusts des capitalistes ont monopolisé le capital à leur profit exclusif. Le trust dans un sens comme dans l'autre constitue une lutte à outrance, une lutte sans merci et sans issue. Aussi doit-on considérer dans la plupart des cas la constitution des *trusts* comme un malheur social. Si d'un côté le trust élargit l'horizon de l'industrie, s'il lui donne des ailes et lui octroie des proportions colossales, puis si par la simplification des rouages, il diminue les frais d'exploitation et rend par la modicité du prix de revient, les marchandises abordables à toutes les bourses ; de l'autre côté, en rendant toute concurrence impossible, il paralyse les mouvements de l'industrie privée, il la tue littéralement. Pour le commerce son action aura le même effet, elle le fera péricliter, non seulement dans une contrée donnée, mais dans tous les pays. Les trusts font la hausse et la baisse des marchandises suivant leur intérêt particulier, ce qui revient à dire suivant leur bon plaisir ; ils peuvent renchérir les articles, même ceux de première nécessité, pouvent amener une famine dans un pays, semer la mort comme bon leur semble, comme ils peuvent aussi faire l'existence à bon marché. Ils deviennent les maîtres souverains du marché, avec droit de vie et de mort sur les populations. Le Collectivisme est de sa nature également un trust, le trust universel, aussi pernicieux que l'autre ; si l'un représente une tyrannie exercée par le capital, l'autre fait œuvre d'assujettissement exercé par le travail sur la généralité de la Société. Le Talmud défend d'une manière formelle, que ce soit par le fait de trusts ou d'une autre manière, l'accaparement des denrées alimentaires ou des matières de consommation générale entre les mains d'un certain nombre d'individus, coalisés ou non, dans l'intention de rendre leur prix inabordable aux pauvres gens.

Il est de toute nécessité que la législation intervienne sans retard pour régler la question des trusts. D'ailleurs, au point de vue général, il n'est pas bon que de trop grandes richesses s'accumulent entre les mains des mêmes particuliers ou des mêmes familles ; il y aurait lieu de craindre que leurs possesseurs ne deviennent vaniteux, orgueilleux et dominateurs, qu'ils n'abusent du pouvoir que les richesses procurent, qu'ils ne veuillent tyranniser leurs subordonnés, tous ceux que leur intérêt ou leur situation met sous leur dépendance et qu'enfin ils ne retirent de la circulation commerciale de grands capitaux au préjudice des intérêts de la collectivité. « Malheur à celui qui range maison à maison, champ à champ, etc., » s'écrie le prophète Isaïe et Jérémie s'exprime avec la même force contre les accapareurs des richesses. Les proverbes de Salomon enseignent qu'une honnête aisance est de beaucoup préférable à la possession de grands biens, même honnêtement acquis. Jacob ne demande pour toute richesse que du pain pour se nourrir et du vêtement pour se couvrir.

Comme il est de toute justice de frapper le fainéant de

mesures coercitives, impôts en argent ou impôts en travail, ainsi que le célibataire récalcitrant qui admet, pour ne pas dire qui réclame son droit aux jouissances, fût-ce aux dépens de l'honneur et de la tranquillité d'autrui, tout en se soustrayant personnellement à l'accomplissement de devoirs sociaux : il est admissible, nous dirons qu'il est juste, d'obliger les trusts et les riches en général de contribuer pour une large part au bien social ; leurs impôts devraient être calculés non par multiples de mille francs de leurs revenus, mais dans une proportion légèrement progressive sans aller toutefois jusqu'à l'impôt à échelle qui, dans cette mesure, prendrait le caractère d'une spoliation, d'un acte dénotant un sentiment d'envie, de jalousie et de vengeance de la part des déshérités de la fortune à l'égard des riches.

Il y a longtemps qu'on reconnaît la nécessité de réformer les impôts. Si l'exécution de cette réforme tarde, c'est moins en raison des difficultés qu'elle présente, qu'à cause de l'état de lutte entre les partis politiques qui, de règle, n'ont en vue que la sauvegarde de l'intérêt de leur parti, en confondant généralement l'intérêt de la collectivité avec celui de leur parti.

D'après les sains principes de justice distributive, la base des impôts directs devrait être la suivante : chaque personne indépendante, père ou mère de famille ou célibataire, exerçant une profession, aura à payer une légère imposition *uniforme* pour tous en reconnaissance de son état de membre de la nation à laquelle il appartient. Cet impôt confère au contribuable le droit de citoyen, de vote et d'accès à toutes les fonctions auxquelles ses facultés et aptitudes le disposent. Il payera une patente suivant l'importance de ses affaires ; puis un impôt portant le nom d'impôt sur le revenu, calculé sur le montant de ses revenus annuels présumables, *déduction faite des frais d'entretien pour lui et pour les personnes de sa famille non encore indépendantes*. Celui qui lutte pour son existence ne devrait pas avoir à payer un impôt sur un revenu insuffisant ou à peine suffisant pour lui assurer l'existence. Le taux des frais d'entretien par personne adulte et par enfant sera fixé chaque année par les facteurs législatifs. Cet impôt, on le reconnaîtra, sera équitable et il ne pèsera pas trop sur les citoyens de peu de fortune. La loi sociale aussi bien que la loi religieuse qui dit : « tu ne déroberas point », « tu respecteras la propriété de ton prochain », seraient honnêtement exécutées. « Chacun donnera (en impôts) suivant la bénédiction que l'Eternel lui aura accordée. » (Deut. XVI. 17).

VII. L'Industrie.

Nous avons, dans ses grands contours, indiqué dans notre « Eldorado retrouvé, l'Etat idéal » de quelle façon le « Capital » pourrait et devrait concilier ses intérêts avec ceux du « Travail » et disposer celui-ci favorablement à son égard.

Nous nous proposons d'entrer ici dans quelques détails et de montrer la voie à suivre dans l'œuvre de conciliation entre les deux facteurs de la richesse publique. Cette voie nous est tracée par la morale en général et par l'éthique juive en particulier ; cette voie est basée sur la justice et sur la bonté.

Nous lisons dans le Lévitique xxv. 39 : « tu n'astreindras pas ton frère à un service d'esclavage » et 43 : « tu ne le traiteras pas avec dureté ». Nous lisons ensuite dans le Deutéronome où il est question du traitement des animaux domestiques (xxv. 4) : « tu ne musèleras pas le bœuf lorsqu'il bat ton blé » ; ce sont (en hébreu) quatre petits mots, en tout six syllabes.

Sans se déclarer grand amateur de la casuistique, ou d'une exégèse subtile, il n'est pas permis dans certains cas de la dédaigner et de la rejeter complètement. L'exégèse juive établit des règles fixes d'interprétation des textes, elles sont au nombre de treize.

Les préceptes cités dans le Lévitique sont suffisamment clairs et peuvent être interprétés à la lettre. Une exégèse casuistique est à sa place pour le verset cité dans le Deutéronome, afin de lui donner le vrai sens dans toute son étendue.

Pour les besoins de notre cause nous appliquerons deux des règles alléguées, la première et la deuxième, « l'analogie de circonstances » et « la conclusion du faible au fort (a fortiori) ».

L'exégèse raisonne ainsi :

La loi en divers endroits, recommande à l'israélite de traiter les animaux et en particulier les animaux domestiques, avec sollicitude et avec douceur. L'exégèse infère par exemple du verset 24 du chap. xxxii de la Genèse, que les personnes chargées de l'entretien des animaux, leur doivent les soins dont ils ont besoin avant de les accorder à leur propre confort.

Il n'y a pas de doute, que la nourriture est due aux animaux domestiques, puisque nous acceptons la responsabilité de leur charge, s'ils travaillent ou s'ils restent inoccupés, les samedis comme les jours ouvrables.

En d'autres endroits, comme nous avons vu dans la première partie de notre Etude, en particulier du traitement à dispenser aux personnes qui sont à notre service, la loi impose au maître d'accorder à ses serviteurs (et ouvriers) la même qualité de nourriture dont il s'alimente lui-même.

Si donc, infère l'exégèse, la loi prescrit de ne point museler le bœuf, lorsqu'il bat ton blé, elle veut que tu lui accordes un traitement spécial, un traitement de faveur, lorsque tu l'occupes en qualité d'ouvrier, surtout lorsque le produit de son travail à ton bénéfice pourrait présenter un agrément particulier à l'ouvrier-animal, dans notre cas, une friandise, tu dois lui accorder un supplément de jouissance.

S'il en est ainsi pour l'ouvrier-animal, il ne peut pas en être moins pour l'ouvrier-homme ; au contraire, infère-t-elle, « a fortiori » ce traitement doit être plus généreux, plus doux et plus bienveillant, lorsqu'il s'agit d'une créature qui est ton égale en dignité, qui travaille pour te procurer un confort supplémentaire et qui augmente ta richesse. Il ne suffit pas alors de lui payer son salaire ordinaire qui, en définitive, ne représente que l'équivalence de son temps employé à ton service ; on lui doit, pour satisfaire à l'esprit de la loi, un supplément de jouissance.

C'est sur ce supplément de jouissance auquel l'ouvrier a droit, non moins que sur l'esprit d'équité, que nous basons notre système de rémunération dans l'industrie et dans les services similaires.

Dans une société bien organisée, la bonté avec sa largesse doit suppléer à la rigidité de la justice. La solidarité l'exige ainsi.

Nous allons mesurer ci-après les parts respectives qui reviennent, conformément à notre système, ainsi qu'aux lois d'équité et de justice, au patron, représentant du Capital, et à l'ouvrier, représentant du Travail.

Les parts des bénéfices réalisés dans une entreprise industrielle, pour que la répartition soit juste et équitable, devraient être établies sur la base suivante :

1. L'intérêt du capital au taux usuel équivaut, sinon exactement en importance marchande, du moins en valeur idéale, au salaire ordinaire du travail ; on peut admettre

que les deux valeurs se balancent à peu près. A cet intérêt du capital l'ouvrier n'a aucun droit, puisqu'il reçoit sa contre-partie, représentée par le salaire. Il forme le premier prélèvement fait sur les bénéfices nets de l'entreprise.

2. On prélève une seconde part représentant « *l'aléa* », destiné à former le fonds de réserve pour parer aux risques de baisse des marchandises et pour servir de caisse protectrice en cas de chômage. Ce fonds de réserve appartient à la Raison sociale de l'exploitation et n'est ainsi ni la propriété particulière du Capital ni celle du Travail, bien que ce soit ce dernier qui en retire le plus d'avantages.

3. On distrait ensuite des bénéfices de l'exploitation — s'il y en a — une part pour former une caisse de retraite et d'accidents au profit du personnel de l'administration et des ouvriers.

4. On prélève enfin une partie proportionnelle pour couvrir le service des réparations devenues nécessaires des machines et des outils, ou pour les renouveler après usure.

Voici l'innovation :

5. Le reste des bénéfices est divisé en deux parts égales, l'une pour servir de dividende au Capital et l'autre pour être affectée comme dividende au Travail. La répartition du dividende attribué au Capital se fait de la manière usuelle, au prorata de la mise de fonds. Le partage du dividende revenant au Travail est plus compliqué, sans toutefois présenter de grandes difficultés.

Les ouvriers seront divisés en différentes classes d'après leur habileté acquise et d'après leurs connaissances pratiques. Admettons trois classes, dans une usine ou fabrique occupant 600 ouvriers, la première classe composée de cent ouvriers, la seconde de deux cents et la troisième, la moins expérimentée et la moins habile, y compris les manœuvres, de trois cents — chiffre rond. Admettons encore vingt employés et ouvriers d'élite qualifiés hors pair.

Ces derniers recevront 5 % de la somme globale constituant la part des bénéfices attribués aux ouvriers, en sus de la part qui leur revient comme membres de la première classe.

La première classe sera gratifiée de 35 %, la seconde de 40 % et la troisième de 20 %, ensemble 100, pour leur part des bénéfices.

Supposons que le capital de l'entreprise soit de trois millions, entièrement versés, divisés en 12.000 actions à fr. 250 chacune. Supposons encore que les bénéfices nets à répartir de l'année 1904 se soient élevés à fr. 300.000. (Les frais d'administration sont compris dans les frais généraux de l'exploitation).

L'opération de la répartition des bénéfices se présentera de la manière suivante :

TABLEAU DE RÉPARTITION

1, Intérêts de 3 millions à 4 % . . . (fr. 10 par action).	40 %	fr.	120.000
2, alimentation du fonds de réserve,	10 »	»	30.000
3, part contributive à la caisse de retraite et d'accidents (la moitié)	5 »	»	15.000
4, réparation et renouvellement de machines et d'outils	5 »	»	15.000
5, dividende attribué au Capital. . . (5 fr. par action ou 2 %).	20 »	»	60.000
6, dividende attribué au Travail. . .	20 »	»	60.000
	100 %	fr.	300.000

Le Capital bénéficiera ainsi d'un taux de 4 + 2 = 6 % ; chaque action de fr. 250 touchera fr. 10 (intérêt) et fr. 5 (dividende) ensemble fr. 15. Ce taux n'est guère usuraire pour une entreprise industrielle, mais suffisamment rémunérateur.

La répartition du dividende des fr. 60.000 attribués au travail se présentera ainsi :

5 % à partager entre les 20 personnes hors pair,

							fr. 3.000, chac. fr. 150
35 »	à part. entre	100 ouv.	1re cl.	» 21.000,	»	»	210
40 »	»	» 200	» 2e cl.	» 24.000,	»	»	120
20 »	»	» 300	» 3e cl.	» 12.000,	»	»	40
100 %				fr. 60.000			

Le tableau qui précède n'est donné que comme type, comme un aperçu sommaire du système que nous préconisons, mais non comme modèle « ne varietur ». L'échelle de distribution des bénéfices ou pertes varie suivant le genre d'affaires, suivant l'apport de fonds des actionnaires, respectivement patrons, et suivant le nombre des représentants du Travail.

Une *réglementation* du service du travail est admissible et parfaitement compatible avec le principe de la liberté. Elle se fonde sur le fait, que le contrat entre la Société et les ouvriers a le caractère d'un engagement bilatéral, liant d'une part la Société, représentée par son Conseil d'administration (limited), et d'autre part les ouvriers. Ce Conseil, composé d'un nombre d'administrateurs divisible par trois, sera élu, pour les deux tiers, par les actionnaires (le Capital) et pour un tiers par les ouvriers (le Travail). Nous disons que le Capital doit être représenté au Conseil d'administration pour les deux tiers et non pour la moitié de ses membres et nous estimons que cette proportion est réglée en toute justice ; car le Capital représente la moitié de l'entreprise par son apport, plus un sixième représentant l'*aléa* qui ne touche dans l'application que le Capital et n'affecte les intérêts du Travail que d'une manière indirecte et rarement tangible.

La Société s'engage envers son personnel, employés et ouvriers, à leur accorder des appointements et des salaires équitablement rémunérateurs, en outre à leur assurer les bénéfices stipulés au tableau ci-dessus, à ne congédier employé ou ouvrier que sur un rapport concluant au renvoi, rapport émanant d'un comité de surveillance et de contrôle, nommé pour la moitié de ses membres par les ouvriers et pour la seconde moitié par l'Administration. Ce Comité est présidé par le chef du personnel dans l'Administration et aura pour vice-président le contre-maître en chef.

Les ouvriers de leur côté prennent l'engagement envers la Société d'assurer leur travail pour un temps déterminé qui ne pourrait être moindre d'un mois. L'ouvrier qui se retire perd son droit au fonds de réserve et à la caisse de retraite, mais le conserve pour ce qui concerne la part des bénéfices de l'année courante au prorata du temps de son emploi pendant l'année.

Le contrat de travail, tel qu'il est actuellement en vigueur dans la plupart des entreprises, est une espèce de duperie pour l'ouvrier qui, s'il ne veut pas misérablement périr, est livré à la merci de l'employeur. Celui-ci s'érige en maître souverain de désigner le genre de travail de son ouvrier, de fixer le montant de son salaire et les heures de travail. D'autre part, ce système cause aussi à l'administration, bon nombre d'ennuis et d'inconvénients, entre autres les grèves et les départs des ouvriers sans préavis. Notre système n'occasionne plus aucune de ces situations fâcheuses, puisque les deux parties sont équitablement représentées dans le Conseil d'administration et que les ouvriers ont autant d'intérêt que les actionnaires à la prospérité de l'entreprise.

La caisse de retraite et d'accidents dont il a été question plus haut, instituée au sein de la Société au profit des travailleurs, n'est alimentée par la caisse sociale que pour la moitié de son avoir ; l'autre moitié provient des cotisations mensuelles des ouvriers eux-mêmes, en proportion du taux du salaire de chacun d'eux. Au point de vue de la justice stricte, cette caisse de retraite devrait être constituée exclusivement par les soins et alimentée par les cotisations des ouvriers et des employés ; car ce sont eux seuls qui en bénéficient. Mais dans la vie sociale, le principe de solidarité impose le devoir d'arrondir les angles que la justice laisse parfois par trop pointus et d'amoindrir les rigueurs de ses arrêts administratifs par trop sévères. Aussi est-il sage et équitable que la caisse sociale intervienne pour une part (nous avons admis pour la moitié) dans les charges de la caisse de retraite. Inspirés par le même principe de solidarité, les employés et les ouvriers seraient obligés d'acquérir une action de la Société pour chaque triennat d'emploi dans les bureaux, ateliers, fabriques ou usines. L'État, comme troisième facteur, pourrait intervenir dans l'alimentation de la caisse de retraite, mais cela ne serait pas en vertu du principe découlant de la justice, revêtant le caractère d'une obligation, il agirait simplement en qualité de puissance tutélaire et pour cette raison il se renfermerait dans des bornes raisonnables. On n'oubliera pas que ces interventions mènent tout droit au Collectivisme, chose peu désirable.

Comme c'est l'intérêt et, disons-le, l'intérêt seul qui guide l'homme dans des questions d'affaires, et qu'il est de l'intérêt des ouvriers de prolonger leur service à l'atelier ou à la fabrique, la triste époque des grèves sera passée faute de cause incitatrice. En effet, dans quel but en feraient-ils encore, puisqu'en ce qui concerne les questions de salaire et d'heures de travail, c'est le Conseil d'administration dont leurs délégués font partie, qui les fixe, les variant suivant les nécessités imposées par le *marché?* Le *Lock out* de son côté est écarté des prévisions et éventualités, faute de cause provocatrice. Là où il n'y a pas de faute commise, il n'y a pas lieu à coercition. Les ateliers ne seront plus fermés qu'à la suite de la stagnation temporaire des affaires.

Du fait que le contrat passé entre la Société et les ouvriers a le caractère d'une convention bilatérale, il s'en suit aussi que le renvoi d'un ouvrier du jour au lendemain, à moins de fautes graves, n'est pas admissible, comme de l'autre côté, l'ouvrier ne pourra pas quitter l'atelier sans donner un préavis d'une durée à convenir.

Le principe de la liberté personnelle ne sera pas affecté par cette manière d'agir de part et d'autre. Si l'homme ne doit pas aliéner sa liberté morale, ne fût-ce que pour une heure, il peut, sans manquer à sa dignité, s'engager par un contrat à louer son travail pour un temps déterminé.

Si les bénéfices nets représentent une plus grande somme que celle figurant au tableau ci-dessus, la part du boni à répartir comme dividende au Capital et au Travail sera naturellement plus importante et, s'ils sont de moindre valeur, le dividende à partager sera proportionnellement diminué. En cas de déficit, le fonds de réserve interviendra pour le combler. De sorte que le Travail, c'est-à-dire les ouvriers, participent à la prospérité et aux crises de l'entreprise à titre égal avec le Capital et dans la même proportion que lui. Ils sont virtuellement associés à l'exploitation et, si cette association a une durée de quelques années, les ouvriers, par intérêt et par habitude, s'identifieront pour ainsi dire avec l'entreprise plus encore que les actionnaires, auxquels une entreprise vaut une autre à rapport égal.

Si l'entreprise, maison d'industrie, de finance ou de commerce, au lieu d'appartenir à une Compagnie par actions, est la propriété d'une seule personne ou d'une Société en participation, un système similaire pourra être établi. Dans toutes les éventualités, les employés et les ouvriers doivent être appelés à participer dans une mesure équitable à la prospérité, de même qu'aux mauvais moments de l'affaire.

Les Syndicats d'ouvriers, n'ayant plus rien à représenter, pourront se dissoudre ou continuer à vivre encore pendant quelque temps en se transformant en agences de parti — comme chambres de travail par exemple, — mais ils auront définitivement perdu leur importance comme représentants naturels des intérêts économiques des ouvriers. Les Syndicats de patrons à leur tour, auront perdu leur raison d'être, ils pourront continuer à subsister avec utilité comme chambres d'investigation à la recherche de nouveaux débouchés et comme organes de réglementation de la production.

Ce changement dans l'organisation de l'Industrie et du Commerce représente une évolution naturelle qui infailliblement doit arriver à son heure ; mais, se demande-t-on, ne pourrait-on pas donner le coup d'éperon à l'évolution, la hâter par l'introduction d'une législation suivant la base et dans la voie que nous venons d'indiquer, législation de tâtonnement et d'essais au début, il est vrai, mais qui, si elle produit de bons effets, et elle en produira, se développera rapidement et se fixera définitivement ? Attendre tout de l'évolution à la marche de tortue, c'est en vérité faire retarder le progrès de plusieurs générations.

Ce sera surtout le cas dans la réalisation de notre projet ; car, nous l'avons dit, nous ne pouvons pas nous bercer d'illusion, ce projet aura contre lui, à part quelques personnes de nature généreuse, tout le parti du Capital, dont en effet il rogne les bénéfices. La lutte sera chaude, car le Capital, on ne le sait que trop, dispose de grandes forces et l'égoïsme, son allié inséparable, est un ennemi formidable. Mais, que l'on se rassure, à la longue la lutte se décidera en faveur de l'innovation : œuvre réparatrice et par cela même sociale au premier chef, elle doit finalement l'emporter.

Elle pourrait même avoir contre elle une partie de la Presse ; car, à part son rôle civilisateur, la Presse est une entreprise industrielle et, comme telle, elle se rangera du côté du Capital. Mais quels que soient le nombre et la puissance de ses ennemis, elle est sûre de vaincre, la justice ne doit-elle pas avoir le dernier mot ?

On pourrait toujours tenter un essai ; en attendant, chercher un « modus vivendi » entre le Capital et le Travail. Il serait en vérité criminel de laisser se perpétuer l'état de guerre entre les deux ennemis, de laisser perdurer l'injustice au détriment du faible, d'éterniser la lutte dans le monde des affaires ; d'un côté des grèves et de l'autre des *Lock out* et la cessation du travail dans les usines. En fin de compte les barrières entre les classes doivent tomber, la paix doit se rétablir entre elles dans leur mutuel intérêt et au profit de l'industrie nationale.

Ajoutons encore, qu'il nous paraît équitable que le *Travail* ait sa part d'influence dans les débats et dans les décisions des Assemblées générales ordinaires (annuelles) et extraordinaires des Actionnaires. En toute justice il faudrait lui attribuer le tiers des votes et en cas de projet de dissolution de la raison sociale, le quart.

Nous établissons cette différence entre les Assemblées annuelles et les Assemblées extraordinaires ayant la dissolution de la Société à leur ordre du jour, pour la raison que dans les premières les décisions sont valablement prises à la majorité absolue des votants et dans les dernières à la majorité des deux tiers des ayants droit au vote.

VIII. L'Agriculture.

L'agriculture, nous l'avons dit ailleurs, est le soutien naturel de la Société, elle constitue un des principaux facteurs de la richesse nationale. Elle mérite ainsi une sollicitude toute spéciale de la part des gouvernants.

On sait que la législation mosaïque a particulièrement visé un peuple agricole, tel que l'était le peuple juif, lorsqu'il formait encore une nation, vivant de sa vie propre, dans son pays de Palestine. La culture du sol et l'élevage des troupeaux sont dans cette législation l'objet d'une attention toute spéciale ; ils y sont entourés tous deux d'une protection légale efficace. Les parties poétiques de la littérature juive empruntent leurs images à l'agriculture et les paraboles si nombreuses dont leurs sages se plaisaient à revêtir leurs enseignements (Bible, Haggada et jusque dans le Nouveau Testament) prennent également leurs sujets de comparaison ou d'application dans les forces, les phénomènes et les produits de la Nature ; le lait, le miel, le blé, la vigne, le figuier, jouent un grand rôle dans les idylles de ce petit peuple si près de la nature ; le bœuf, le Réém (buffle), le mouton, la chèvre, l'âne, tiennent la première place dans les parties descriptives de son livre national, la Bible.

On distingue dans la culture du sol, la culture de grands

domaines et la culture de petites propriétés. La première
se trouve en bonne situation d'introduire tous les perfec-
tionnements que la science met au jour, d'approprier la
culture à la nature du sol — composition chimique —
d'alterner judicieusement les plantations (système des
assolements), d'employer les machines et outils pour faire
la culture sur une grande échelle, tandis que la propriété
de peu d'étendue est privée de ces moyens. Par contre,
cette dernière jouit d'un avantage que la grande culture ne
connaît pas. Le cultivateur entoure son bien minuscule
d'une sollicitude toute particulière, il lui consacre le meilleur de son temps, veille sur lui avec une attention
jalouse, lui prodigue des soins assidus et s'occupe de lui
avec un amour tout filial, surtout si le lopin de terre est
son patrimoine.

Il est évident que, si par une combinaison ingénieuse,
l'on pouvait parvenir à accorder à la culture de la terre les
avantages des deux méthodes, celle de la grande et celle
de la petite culture, elle récolterait un double profit et elle
sortirait enfin du marasme où elle est plongée actuellement
dans beaucoup de pays.

Cette combinaison est non seulement réalisable, mais
elle a été effectivement réalisée dans l'ancien pays d'Israël
d'une manière surprenante, presque miraculeuse : en effet,
le petit pays de Galilée à l'époque du Christ, d'une surface
de moindre étendue que la province de Brabant en Belgique (environ 5.100 kilom. carrés), a nourri une population de trois millions d'habitants et a trouvé encore le
moyen d'exporter des produits agricoles [1]. Il y a lieu de

1. Josephus, Vita 45, et Bellum III. 3. 3. ; Raumer, Palestine 430 ;
Graetz III. 359 et 360.

s'étonner qu'elle ne soit pas encore appliquée en Belgique où l'agriculture cependant reçoit de toutes parts protection et encouragement et où elle se trouve en général dans un bon état de prospérité.

Tant de sociétés se forment dans notre pays à propos de tout et de rien, l'esprit d'association y est développé comme dans peu d'autres contrées, et cependant une société aussi utile que celle que nous avons en vue, n'a pas encore fait son apparition sur le sol belge et, croyons-nous, nulle part encore.

L'association que nous avons en vue consiste dans la réunion d'un certain nombre de petits propriétaires d'un village ou d'un bourg dont les champs voisinent, pour en former un grand domaine de culture.

L'association une fois constituée, élira un Comité directeur, à la tête duquel sera placé un ingénieur agricole ou un autre homme compétent dans cette branche d'économie nationale. Ce Comité dirigera la culture du domaine qui lui est confié d'après toutes les règles de la science agronomique. Il acquerra à frais communs les machines et les outils perfectionnés nécessaires à l'exploitation, achètera les semences et les plants de choix, ainsi que les engrais naturels et chimiques, fera exécuter les travaux agricoles avec les alternats de culture nécessaires, suivant la nature du sol, les saisons et l'état des marchés. Les travaux réclamés peuvent être fournis par les petits propriétaires eux-mêmes ou par des ouvriers agricoles pris à gages. Il répartira les récoltes et autres produits du terrain exploité au prorata de la mise de chacun, c'est-à-dire de l'étendue et de la qualité du sol mis en culture par chacun des associés. Au besoin il soignera la vente des produits des participants qui le désirent. Cette association pourrait comprendre une partie d'une commune rurale, un district quelconque de son terrain arable ou la commune tout entière. Il n'y aurait pas d'inconvénient à ce qu'il existât dans une même localité une ou plusieurs associations soit indépendantes les unes des autres, soit liées entre elles par des conventions ou des contrats spéciaux.

Comme on le voit, ce sont des Sociétés coopératives d'un nouveau genre, coopératives pour la production comme il en existe déjà pour la consommation. On aperçoit sans peine les avantages réels et notables que ces associations coopératives sont à même de produire : une culture rationnelle et intensive, combinée avec un minimum de frais d'exploitation.

On voit aussi apparaître une autre utilité, celle de donner plus de loisir aux petits propriétaires qui pourraient s'occuper d'une industrie de chambre et augmenter ainsi leurs revenus.

Un essai pourrait être tenté par le gouvernement dans les communes qui en expriment le désir. Le gouvernement, à titre d'encouragement, pourrait, du moins pendant les années d'expérimentation, allouer un subside à ces associations coopératives, subside destiné aux frais de premier établissement et d'acquisition de machines et d'outils aratoires perfectionnés. Si l'essai réussit et il réussira, la nouvelle méthode d'exploitation s'introduira rapidement dans le pays, s'y généralisera au profit de l'augmentation de la richesse nationale. Et comme dans l'ancien temps chez les Israélites, cette institution contribuerait largement, dans les localités qui l'adopteraient et l'introduiraient, à y établir et à y resserrer des liens de confraternité et d'amitié entre les associés, c'est-à-dire entre les voisins et les concitoyens du même endroit. Le patriotisme du peuple en retirerait également son avantage [1].

Nous désirerions encore préconiser l'introduction d'une autre mesure, non d'exploitation de l'industrie agricole, mais d'amélioration de la situation sociale des petites gens dans les villages, bourgs et petites villes de province.

Dans beaucoup de localités il existe des domaines municipaux. D'après un ancien usage particulièrement répandu en Allemagne et qui subsiste encore dans les Ardennes, on donne ces domaines, divisés en parcelles de peu d'étendue, en usufruit aux citoyens de la commune. Si ces domaines comprennent des prairies, les contribuables de la commune jouissent de la faculté d'y envoyer paître leurs bêtes domestiques, et s'ils contiennent des forêts, chaque citoyen reçoit gratuitement sa part de bois de chauffage.

Cette mesure, pour être juste et équitable, devrait s'étendre non seulement aux contribuables et électeurs, mais à toutes les familles de la commune, indigents compris ; car pourquoi les pauvres, déjà assez malheureux, devraient-ils être exclus de cette distribution ? On comprendrait que l'on donnât au contraire, à chaque famille pauvre, une parcelle de terre à usufruit au prorata du nombre des bouches à nourrir et que l'on distribuât le restant, s'il y en a, aux familles fortunées.

Nous faisons un pas de plus en préconisant encore la mesure suivante : Il devrait être établi par la loi, que les biens sans maîtres, soit par extinction d'héritiers directs

1. Les Galiléens dans l'ancien pays d'Israël formaient même les Chauvins de la nation, leur chef *Jean de Gischala* était aussi Galiléen.

ou pour une autre cause légale, qui font retour à l'Etat,
fussent attribués à la Commune dans le territoire de laquelle
les biens en question sont situés et qu'ils servissent à
augmenter les domaines municipaux, à l'effet de réaliser
le vœu de Henri IV sous une autre forme, tendant à ce que
chaque famille rurale ait son lopin de terre. Ce serait une
bonne mesure pour soulager le pauvre et le miséreux,
puis pour l'attacher à la patrie par l'intérêt autant que
par le sentiment ; ce serait surtout une bonne mesure
sociale susceptible de concilier les classes possédantes et
celles des déshérités et des nécessiteux.

Une pareille loi n'aurait pas encore la largeur de
conception ni d'application de la loi agraire de la septième
année selon la législation juive et de la dîme des pauvres,
du grapillage, glanage, etc. ; ce serait cependant un acheminement vers une solution satisfaisante de la question
des classes, si épineuse dans notre Société, elle constituerait une espèce de « succédané » de la « Schemitta »
mosaïque. Elle n'aurait rien de subversif, ni de révolutionnaire ou d'anarchique. Au surplus elle ne présenterait
aucune difficulté d'application.

Il va sans dire que les ouvriers agricoles, que ces innovations fussent introduites ou non, devraient, à l'instar
des ouvriers industriels, recevoir en plus de leur salaire,
une part du fruit de l'exploitation, soit en nature, soit son
équivalent en argent. « Charger, tu chargeras ton serviteur (ouvrier) de ton menu bétail, de ton grenier et de ton
pressoir dont l'Eternel, ton Dieu, t'aura béni, tu lui en
donneras. » (Deut. xv. 14).

Restent les questions de friche, de caisses de prêts à un
taux minime et de banques agricoles ; nous nous référons

à notre « Eldorado retrouvé, l'État idéal » où ces sujets ont été exposés.

La question de défrichement devrait surtout être soumise à un nouvel examen sérieux. Tant de terres qui avec peu de frais pourraient être rendues à la culture, restent improductives. La proportion en France seule, un des plus riches pays de culture agricole, est de *un* à *neuf*; elle n'est pas moindre en Belgique.

IX. Le Commerce.

Le Commerce doit être déclaré libre.

Le libre-échange occupe dans l'évolution de la science économique un rang supérieur à celui du protectionnisme. Ce dernier ne peut se justifier qu'en faveur de jeunes industries, pendant la première période de leur existence, pour disparaître dès qu'elles sont assez robustes pour soutenir la lutte avec la concurrence étrangère sans s'exposer à de trop grands risques. Le libre échange tient tous les atouts du jeu en ses mains : il incite à l'initiative individuelle du commerçant, exerce puissamment ses facultés de recherche, fortifie sa confiance en ses propres moyens et lui apprend à puiser toutes les ressources en soi-même. En outre, tandis que le protectionnisme donne au caractère humain une teinte de nonchalance, de laisser-aller routinier, d'aliénation de sa confiance personnelle en une protection étrangère (l'État), le libre échange augmente l'énergie du négociant et donne la bonne trempe à sa confiance et à sa volonté.

Chaque pays doit adapter son industrie aux produits naturels de son sol, la régler sur les besoins immédiats de sa propre population et, s'il y a un surplus de production, sur les besoins de ses colonies et d'autres débouchés qu'il aura créés. Il doit laisser entrer affranchis de droits fiscaux les articles que le pays est incapable de produire, soit pour cause d'absence ou d'insuffisance de matières premières dans le pays, soit pour cause d'inhabileté temporaire de sa population industrielle à produire les articles en défection, ou à ne les produire que dans des conditions défavorables. Tout au plus pourrait-on frapper temporairement d'un léger droit d'entrée les articles susceptibles de faire une concurrence meurtrière à l'industrie nationale, droit qui devrait diminuer à mesure que celle-ci se fortifie et disparaître dès qu'elle peut voler de ses propres ailes.

Les articles courants et ceux destinés à l'alimentation ne devraient jamais être soumis à un droit d'entrée ; pour ces derniers, ce doit être une règle absolue. Et lors même que l'accaparement par des Syndicats ou des Trusts, de certaines branches d'industrie et de commerce pourrait être toléré sans porter un trop grand préjudice à l'intérêt public, il devrait être rigoureusement interdit par la loi, lorsqu'il s'agit de produits alimentaires. Cette interdiction, défense formelle, a trouvé son application dans la législation juive. Il ne doit être permis à personne d'affamer le peuple.

Les agriculteurs, s'ils procèdent à la culture de leurs terres conformément aux règles scientifiques et si, d'un autre côté, ils ne sont pas onéreusement imposés, peuvent aisément concourir avec l'étranger ; dans tous les cas ils retirent un intérêt suffisamment rémunérateur de leurs terres pour trouver une compensation suffisante de leur labeur.

Les industriels, si la nature du sol ne se prête pas à la culture de toutes les matières premières — et c'est le cas dans presque tous les pays — pourront avec avantage *spécialiser* leur activité industrielle en la portant sur les

branches dont la contrée fournit les matières premières,
ainsi que les autres moyens naturels de les favoriser. Par
ce procédé ils lutteront avec un avantage assuré contre les
concurrents de ces spécialités qui voudraient en faire le
placement dans le pays, et contre les concurrents sur les
marchés étrangers; ils contrebalanceront ainsi les désavan-
tages relatifs à d'autres produits industriels.

Le fisc seul souffrira de l'existence du libre-échange
dans le pays ; mais s'il est nécessaire de prendre ses
besoins en considération, on lui donnera le conseil de
chercher dans d'autres directions les ressources qu'il
convoite pour remplir son tonneau des Danaïdes.

Le Commerce, de nos jours, ne présente plus le même
caractère de simplicité qu'il y a un demi-siècle encore ;
le routinier ne peut plus lutter avec le novateur, l'ignorant avec l'homme instruit. Le commerce, à notre époque,
exige une science, un savoir, une habileté technique que
le profane ne soupçonne pas. Un apprentissage et un stage
dans une maison de commerce ne suffisent plus pour
former un commerçant accompli, capable de diriger des
affaires comportant une certaine envergure. Il ne peut
plus être question d'un simple dressage et entraînement ;
le commerçant, avant d'entrer dans les bureaux, doit
passer par l'école, l'école moyenne et l'école de commerce,
il doit acquérir des connaissances théoriques et techniques
spéciales, il doit apprendre les langues étrangères et se
familiariser avec elles, afin de pouvoir en user par la
parole et par la plume, apprendre la géographie agricole,
industrielle et commerciale et, dans une autre direction,
recevoir une *éducation* spécialement appropriée au commerçant. Cette éducation consiste à ouvrir et à élargir

l'horizon de l'aspirant-commerçant, à diriger son esprit vers le nouveau, vers des domaines inexplorés, vers la recherche de l'inconnu dans la limite du probable, de la possibilité d'atteindre le but et dans la mesure de ses moyens. Cette éducation aura encore en vue de tremper le caractère du jeune commerçant, de le rendre fort et souple en même temps, d'augmenter son énergie, de rendre le disciple de Mercure entreprenant sans témérité, hardi sans imprudence. Ce but est atteint, autant qu'il est à notre connaissance, dans deux institutions, toutes deux privées, dont l'une [1] a une existence de plus de quarante ans et compte des pionniers dans presque toutes les parties du globe. Le nombre de ces écoles spéciales devrait être augmenté ou celles qui existent être encouragées par les pouvoirs publics.

Les employés de commerce doivent être assimilés aux employés et aux ouvriers des établissements industriels en ce qui concerne leur droit à une part équitable des bénéfices que leurs employeurs réalisent, quitte à subir leur part de perte en cas de déficit. — Les engagements de ces auxiliaires, après une époque d'épreuve, doivent se transformer en engagements sinon définitifs, du moins à terme fixe. Cette fixité de l'emploi serait avantageuse aux deux parties.

Il serait juste que les appointements et les gages des employés industriels et commerciaux fussent soldés aux échéances réglementaires sans retard et sans retenue.

La législation juive fait de cette disposition une obligation formelle. (Deut. xxiv. 15).

1. Institut International Kahn, Bruxelles.

X. Les Heures de travail.

La première partie de notre Étude fait ressortir, textes en mains, avec force et insistance, le devoir imposé à l'employeur d'user de beaucoup de douceur et de bienveillance dans ses rapports de service avec son employé, à quelque catégorie qu'il appartienne, et l'expérience constate que chez les juifs la pratique a répondu à la théorie, qu'elle a pénétré les mœurs de la nation, qu'elle les a imprégnées. Cette expérience, que les faits historiques nous font voir dans toutes les pages des annales de ce petit peuple, montre en effet, que le traitement dont usaient les patrons et les chefs d'entreprise à l'égard des travailleurs et des humbles en général, a toujours été empreint de mansuétude et de bonté.

Les lois et les mœurs s'harmonisaient dans le sentiment et dans la pensée dominante, dans la reconnaissance de ce principe, que le prochain est un frère qu'on est obligé de traiter comme tel dans toutes les situations. Toutes deux lui imposaient le devoir d'agir à son égard avec indulgence et avec humanité ou, comme la Loi s'exprime dans une forme négative : « tu ne le traiteras pas avec dureté ». (Lév. xxv. 4). Elles réprouvent tout acte d'humiliation à son égard, et dans une autre direction, elles n'autorisent ni

surcharge ni surmenage, ne permettent d'aucune façon
l'exploitation des forces humaines, elles défendent de les
traiter en machines ou moteurs mécaniques ; elles demandent avec autorité que le subordonné « vive à côté de
toi et qu'il soit heureux ».

Ce traitement imposé par la loi à l'employeur implique
que ce dernier ne peut exiger de son employé que la
somme de travail pouvant être fournie par lui sans nuire
à sa santé et sans épuiser ses forces.

Le nombre d'heures de travail qu'il peut être permis à
l'employeur d'imposer à l'ouvrier ou à l'employé n'est pas
fixé dans les textes, — la loi reste muette sur ce point, —
et pour cause. Les « trois huit » des Socialistes de nos
jours qui, entre parenthèses, aiment à frapper l'imagination des ignorants par l'emploi de formules senten-
cieuses, ces « trois huit » sont une de ces expressions à
l'emporte-pièce qui ne sont basées sur aucun principe
économique ni humanitaire. En effet, c'est un fait physiologique bien constaté, que l'épuisement se fait sentir différemment selon le genre de travail qu'on exécute. La
continuation persistante des mêmes mouvements fatigue
certains muscles sans affecter les autres ; tel travail
absorbe toute l'attention de l'ouvrier ou de l'employé au
point de l'excéder, et tel autre laisse ses nerfs en repos. Il
en est de même du travail intellectuel. Il n'y a donc pas
lieu d'unifier le tarif des heures de travail pour tous les
genres de travaux. Au surplus, ne pourrait-on pas introduire dans les usines, ateliers et bureaux un système de
variation de travaux, espèce d'alternat, comme pour la
culture du sol, système qui, appliqué judicieusement,
pourrait permettre une prolongation des heures de travail

sans faire subir une fatigue excessive aux muscles ou au cerveau du travailleur? Ce système serait moins péniblement ressenti par l'ouvrier qu'un travail continu imprimant le même mouvement dans un temps plus court. Il y a des personnes de constitution normale qui s'occupent pendant douze à quatorze heures par jour et qui, leur tâche *variée* terminée, se sentent moins fatiguées que d'autres qui n'ont été à la tâche que pendant la moitié de ce temps, mais occupées au même genre de travail.

La division du travail dans les fabriques, usines, magasins, bureaux et salles d'étude doit se faire avec sagacité et discernement. Au lieu d'imposer au même ouvrier une occupation unique et uniforme, on devrait lui en apprendre deux ou trois genres distincts, nécessitant la mise en mouvement ou en tension, de groupes différents de muscles ou de nerfs. L'ouvrier ne sera pas moins habile dans chacun de ces exercices et, ce qui a sa valeur, il deviendra par la variété de ses occupations moins machine ou, comme on dit, moins moteur humain, il pourra prolonger les heures de travail sans préjudice pour sa santé.

Mais, objecteront les fidèles des « trois huit », si l'on augmente les heures de travail, le deuxième terme de notre axiome « les trois huit » serait rogné au profit du premier.

Si tous les hommes de cœur appellent de leurs vœux l'adoucissement du sort des travailleurs et qu'ils s'efforcent de réaliser ces vœux de pitié et d'humanité, ils ne sont plus d'accord sur la question relative à l'étendue du deuxième terme des « trois huit ». La plupart des personnes qu'on consulterait, à part les Socialistes pris comme parti politique, énonceraient l'opinion que la durée de huit heures à consacrer aux repas et à la récréation est exorbitante, surtout si l'ouvrier, comme c'est le cas, a une journée entière (le jour du repos hebdomadaire), à sa disposition pour la passer à sa guise et à sa fantaisie.

L'homme est créé pour le labeur, nous l'avons démontré et rappelé à satiété, et nous y insistons, et nullement pour les distractions ou pour les amusements. Nous n'y reviendrons plus ici. Que les Socialistes se gardent d'oublier que la vie est sérieuse et qu'elle doit conserver ce caractère. On ne la vit qu'*une* fois ; elle doit par conséquent être bien employée. On aura beau dire et assurer que les six à huit heures en question sont destinées à la vie familiale, à la culture et au développement intellectuels de l'ouvrier, aux jouissances artistiques, à des méditations et ainsi de suite ; ce sont des mots et rien que des mots. Sur cent personnes, ouvriers et hommes d'affaires, il y en a peut-être deux qui, la tâche journalière achevée, se trouvent dans des dispositions d'âme propres à désirer une augmentation de leur savoir général ou à jouir de la beauté de la nature ; les autres quatre-vingt-dix-huit, on peut en être certain, employeront ces heures précieuses, dérobées à une chose utile, à des occupations moins profitables pour eux, pour leurs familles et pour la Société en général.

Certes, l'éducation, lorsque l'instruction obligatoire et ajoutons intégrale, sera introduite et aura subsisté pendant quelques générations, créera une mentalité différente de celle d'aujourd'hui dans la masse du peuple, mentalité plus en harmonie avec le « desideratum » des amis de l'humanité ; mais pour le quart d'heure, le goût des études n'est pas encore suffisamment répandu et l'on profitera des heures de récréation intellectuelle à s'amuser à des choses moins élevées, moins esthétiques et moins utiles.

La loi ne possède pas la capacité de réglementer les heures de travail, de les limiter d'une manière rigoureuse et d'appliquer la mesure d'une façon uniforme à tous les travailleurs indistinctement. Un accord entre l'employeur et l'employé réglera cette question mieux qu'une réglementation légale. Si d'un côté on pratique la justice et la bonté, et de l'autre on procède avec équité, droiture et loyauté, la réglementation se fera à l'amiable entre les parties, elle prendra en considération l'âge et le sexe de l'ouvrier, ainsi que le genre de travail dont il a à s'occuper : la limite oscillera entre six et dix heures.

XI. Le Repos hebdomadaire.

Tous les physiologistes sont d'accord sur ce point, que l'homme qui est en activité constante pendant six jours, a besoin d'un jour de repos, pour permettre à ses muscles fatigués de se détendre, à ses nerfs surmenés de se relâcher et à ses forces de réparer leurs pertes. Le moteur humain serait usé avant l'heure, s'il n'était pas débarrassé régulièrement, à date fixe, de la rouille et de la crasse accumulées par un chauffage intense et continu pendant une septaine de jours.

L'homme d'études et de bureau aspire de même à un relâchement temporaire de tension de son esprit en ébullition et à une rémission de fatigue de son cerveau en travail. S'il négligeait de satisfaire à ce besoin, ne fût-ce qu'accidentellement, il courrait le risque de subir une usure irréparable et une consomption prématurée. Et en supposant un instant que cette détente, ce délassement et cette réparation fussent moins urgents qu'ils ne le sont en réalité, peut-on oublier que l'homme n'est pas une machine industrielle pouvant tourner et tourner dans le même sens pendant un certain temps sans dévier de sa voie naturelle, qu'il est encore moins une bête de somme, qui, portant son fardeau pendant un certain nombre d'heures, peut se contenter de quelques couples d'heures de sommeil pour reprendre allègrement sa charge ; mais que pour lui, l'homme, la variation d'impressions est une nécessité physiologique, qu'il a besoin à des intervalles fixes, de changer de milieu, de direction et d'occupations intellectuelles, de sortir du cercle ordinaire de son existence coutumière, de s'élever au-dessus de cette vie de soucis et d'ennuis, en un mot de cesser d'être seulement un corps ayant ses besoins et appelant leurs satisfactions, de vivre au moins un jour sur sept, la vie d'un être intellectuel, d'un être doué d'une âme. Si une force en dehors de lui voulait l'en priver temporairement, il risquerait de s'abrutir, de perdre sa dignité d'être pensant et conscient de la place qu'il occupe dans la création, il deviendrait à la longue une créature inférieure à l'esclave au sens propre du mot ; il deviendrait une simple machine dont la manivelle qui la met en mouvement n'est pas même en son pouvoir.

Les peuples de l'antiquité connaissaient déjà des fêtes religieuses et nationales. Les Babyloniens entre autres avaient leur « Sabbatu » revenant à des dates fixes. [Disons en passant que Friedrich Delitzsch, comme en bien d'autres points, s'est trompé sur la nature du Sabbatu des Babyloniens et Assyriens. Dans ses démonstrations, l'Assyriologue tendancieux a voulu déduire de l'existence de cette institution chez les anciens Chaldéens que le Mosaïsme leur a emprunté son Sabbat et cela pour la raison spécieuse, qu'il y a une similitude de nom, car dans les deux langues qui d'ailleurs ont une parenté proche entre elles, le verbe composé des trois consonnes S, B, T, (les voyelles ne comptent pas, n'étant employées que pour la flexion des mots) signifie « Cessation », dans notre cas, cessation de travail, oubliant que la raison d'être, la signification, le caractère, le mode de célébration et même la fréquence du Sabbatu et du Sabbat diffèrent entre eux du tout au tout. Chez les Babyloniens, le Sabbatu était considéré comme jour néfaste, plein de tristesse et était accompagné de cérémonies de pénitence ; le Sabbat des Juifs, au contraire, est un jour de délices et de fête d'heureux augure. (Isaïe LVIII. 13).]

Mais les Israélites, seuls parmi les peuples anciens, reconnaissaient l'institution de leur jour de repos hebdomadaire comme une œuvre divine et l'observaient comme telle. Le Christianisme a fait sienne cette institution, avec la différence notable cependant, qu'à partir du IVᵉ siècle, le Sabbat n'avait plus pour lui ni la signification primitive ni le mode de célébration. Le jour même subit une mutation et du septième il fut porté au premier de la semaine.

Si le Sabbat a pour l'israélite un caractère religieux, la Bible veut qu'il soit aussi considéré comme étant revêtu d'un caractère *social*. Cette qualité de signification des lois cérémoniales des israélites est presque générale ; ainsi les lois de pureté et d'impureté, y compris les lois culinaires ou alimentaires, les fêtes, etc., ont ce double caractère : telles portent le caractère religieux et éthique et telles autres encore, comme le Sabbat, le caractère religieux et social.

Au jour du Sabbat, tout travail est strictement interdit. Cette interdiction n'admet qu'une seule exception, lorsqu'il s'agit de la conservation de la vie humaine.

A notre époque où, dans la plupart des pays de la chrétienté, l'observation du dimanche comme jour de repos avait beaucoup perdu de son rigorisme, elle s'apprête à reconquérir le terrain perdu et à rentrer en honneur. Partout on s'occupe de légiférer à son sujet. Nous ne devons pas méconnaître cependant, que dans les pays catholiques, le mouvement en faveur de la remise en honneur du dimanche comme jour de repos, est moins une émanation de l'Eglise que le résultat des efforts des Socialistes. L'Eglise s'est laissé enlever par les Socialistes le mérite d'imprimer au dimanche son caractère social et hygiénique, elle s'est contentée depuis longtemps et se contente encore aujourd'hui de lui conserver et de faire ressortir sa signification religieuse, à telles enseignes que dans une infinité de cas, elle tolère tacitement ou par une dispense, le travail ménager, la culture des champs et le travail dans l'industrie, pourvu que le fidèle remplisse son devoir religieux en assistant aux offices dans l'Eglise.

Cette confusion dans la compréhension du « dimanche », — de la signification et du but — est aujourd'hui plus accentuée qu'à aucune autre époque passée, elle apparaît dans la multiplicité des projets de loi ayant le repos dominical pour objet, non moins que dans la divergence des opinions sur les raisons qui lui font trouver cette recrudescence de faveur et de sollicitude auprès d'une partie de la population et dans le mode de son observation. Personne ne paraît voir clair dans la question. Cette confusion s'observe d'une manière non équivoque dans le procédé suivi en Espagne, pays catholique par excellence. Il n'y a pas de doute que dans ce pays, où le parti de l'Eglise est si puissant, le projet de réinstauration du dimanche dans sa splendeur antique n'émane de ce parti qu'à la suite de revendications clamées par les Socialistes, et pourtant nous voyons que le gouvernement a biaisé, qu'au lieu de reconnaître franchement ses intentions cléricales, il a institué un Comité qu'il intitule hypocritement « *Comité* des *Réformes sociales* » bien que ce Comité n'ait de social que le nom. Il a dans ses attributions l'élaboration d'un projet de loi sur le repos *dominical,* c'est-à-dire le jour du Seigneur, la collaboration dans sa mise à exécution et, après son introduction, l'inspection de sa stricte observance. En Belgique on est plus sincère, les promoteurs officiels du projet de loi lui ont octroyé avec franchise le nom de projet de loi sur le repos *dominical.*

Comme la raison inspiratrice de l'institution d'un jour de repos par semaine, n'est pas la même chez les deux partis, catholique et socialiste, qui tous deux s'attribuent la paternité sinon du projet de loi, du moins de l'initiative prise, qu'en effet le premier s'appuye sur la raison religieuse et le second sur le caractère social ; il s'ensuit qu'une entente entre eux, sur le caractère, la direction et l'étendue des dispositions de la loi sera difficile à établir.

Le jour de repos, tel que le Judaïsme l'a conçu et le pratique, repose sur les deux susdites considérations et rend justice à toutes les deux ; il donne satisfaction aux besoins religieux et fait droit aux nécessités hygiéniques et sociales ; il envisage même un troisième but, celui d'exercer une influence éducatrice sur les fidèles.

Le côté religieux du Sabbat est généralement connu, on n'ignore ni la raison de son institution, ni la manière de sa manifestation, ni le mode de son observation et de sa pratique.

Chaque renouvellement de la semaine doit créer un nouveau chaînon rattachant la créature humaine à son

créateur et, dans un autre ordre d'idées, ce renouvellement doit rappeler à l'israélite une seconde obligation,
celle du travail, au même titre que le devoir du repos
hebdomadaire. Tous les deux, le travail et le repos, sont
d'institution divine ; le même texte qui prescrit le repos,
commence par ordonner le travail : « Tu travailleras pendant six jours ». L'israélite doit se pénétrer de cette idée,
que l'activité s'impose à l'homme, qu'elle a le caractère
d'un devoir sacré ; il doit considérer que l'activité entre-
tient la santé, la vigueur et l'énergie de son corps, ainsi
que l'élasticité, la souplesse et la fraîcheur de son esprit ;
il doit se dire en outre que l'activité lui procure la subsistance matérielle de la vie et fait avancer le progrès général de l'humanité. On sait que, de toutes les créatures,
c'est l'homme seul qui ne trouve pas sa nourriture toute
préparée dans la nature, qu'il doit la lui arracher par un
travail soutenu et assidu.

Si la prescription du Sabbat qui ordonne le *travail* lui
rappelle cette vérité, l'ordre qui commande le *repos* lui
donne cette autre leçon, que l'homme doit faire arrêt dans
son travail de temps à autre pour restaurer ses forces
physiques, et il faut qu'en outre il se souvienne — le Sabbat
lui servira de memento — qu'il possède une partie spirituelle qui, comme le corps, a des besoins et des exigences
à satisfaire.

Le côté social, nous dirons sanitaire, trouve à son tour
satisfaction dans l'institution du Sabbat. En effet, le Sabbat
juif ne décrète pas une demi-mesure, comme le dimanche
des chrétiens ; il interdit tout travail manuel quel qu'il
soit ; il n'admet pas la division des hommes en catégories,
permettant aux unes la vacation relative d'occupations

journalières et interdisant aux autres l'exercice de leur métier. Par un sentiment humanitaire, le Sabbat juif impose même l'abstention du travail des animaux domestiques.

La Société moderne trouve l'interdiction absolue du travail trop rigoureuse, trop dure, incompatible avec les mœurs et l'intensité de la vie contemporaine, elle lui donne le nom de puritanisme, la qualifie d'absurde, de contraire au progrès, elle la stigmatise en l'appelant rétrograde, affirmant qu'elle tend à arrêter tout mouvement, toute pulsation de la vie économique.

Les lois sabbatiques sont rigoureuses et gênantes, on ne peut le contester, mais on dépasse certainement toute mesure de justice et de vérité en leur appliquant les épithètes que nous venons de citer. Les uns cherchent l'absurdité de l'institution du jour de repos *obligatoire* dans la comparaison de la machine humaine à la Nature qui, elle, disent-ils, n'arrête pas son activité un jour sur sept ; d'autres arguent que les besoins naturels exigent leur tribut en ce jour comme en tout autre de la semaine. Ces raisons ne se justifient guère et ne méritent pas qu'on s'y arrête [1].

Personne ne voudra plus contester que le corps a besoin de repos, et non pas d'un repos accidentel et fortuit, mais d'un repos régulier, non pas d'un repos limité à quelques parties de la machine humaine, c'est-à-dire à quelques membres du corps et à quelques compartiments du cerveau, mais d'un relâchement de tension qui s'étend sur l'être humain entier, sur les muscles, les nerfs, les tendons et

_____

1. Nous l'avons démontré dans notre « Conciliation », p. 48 et suite.

le reste. Ce repos, pour être efficace et pour opérer une réparation suffisante, doit être d'un rigorisme assez sévère et d'une durée proportionnelle.

Mais on voit aussi qu'une rigueur pareille ne pouvait pas être imposée par une simple ordonnance émanant de l'autorité civile, il lui fallait le caractère religieux. En effet, on ne peut ignorer que la volonté humaine est sujette à des faiblesses, qu'elle est tributaire des passions qui agitent l'homme, qu'elle cède à l'avidité, à l'orgueil ou à l'ambition, qu'elle fléchit sans cesse et succombe non pas à de rares occasions, mais à toute incitation anormale. Aussi une interdiction édictée par la loi civile non soutenue par une sanction supérieure, à moins qu'elle ne soit entrée dans les mœurs du peuple, ne suffirait pas pour avoir raison de la faiblesse originelle de l'homme, elle n'aurait pour résultat que de l'inciter à simuler, à faire en secret ce que la loi lui défend de faire en public, d'encourager ainsi la fausseté et l'hypocrisie [1].

1. Le Midrasch raconte qu'un jour l'empereur Néron railla un de nos grands maîtres, favori à la cour de Rome — on sait que l'impératrice Popéa judaïsa — au sujet de sa fidélité à la loi de Moïse. Il lui dit : « Qu'est-ce qu'un Moïse mort depuis tant de siècles en comparaison d'un empereur romain, maître du monde ? » Le rabbi lui dit modestement, mais avec fermeté : « Sa Majesté est dans l'erreur. Moïse mort est encore aujourd'hui plus respecté que l'empereur vivant et ses ordres sont observés plus strictement que ceux du souverain actuel. — Quoi, s'écria l'empereur en colère, qui oserait désobéir à mes ordres ! Tu dois mourir, rabbi, si tu ne peux pas prouver par des faits que ton Moïse est plus écouté que moi, l'empereur. » Et le rabbi de répliquer : « Soit, fais publier un ordre aussi sévère que tu le juges à propos, imposant au peuple la cessation absolue de tout travail à un jour à ton choix. » Néron, piqué au vif par la proposition du rabbi, fit publier sans

Le raisonnement froid, à son tour, n'échouerait pas moins dans ses tentatives de réglementer les passions. Il trouvera toujours des « pour » et des « contre », des prétextes et des excuses. Seule la *conscience* éclairée à la lumière de la raison, est capable de tenir ferme et haut la bride aux défaillances humaines, car elle seule, si on lui permet de se développer normalement, possède l'influence et le pouvoir en quantité suffisante pour dompter les instincts de bas étage dans le cœur humain, elle seule aussi se légitime et exerce son ministère dans l'homme, en qualité d'instrument d'origine essentiellement divine.

(A propos de la conscience, qu'on nous permette une petite digression.

On enseigne dans les écoles que la conscience est une voix instinctive qui avertit l'homme au moment de poser un acte et qui lui apprend si l'acte à mettre à exécution est bon ou mauvais. Cette définition serait juste, si par homme on comprenait une personne sortie adulte de la main du

retard un édit impérial défendant sous peine de mort tout travail le premier jour de la semaine suivante. Le jour arrivé, l'empereur envoya en secret ses espions et ses émissaires dans les différents quartiers de la ville pour s'assurer comment ses ordres étaient exécutés. Un nombre considérable d'habitants de Rome furent surpris en défaut. Publiquement l'ordre fut observé, la ville était comme plongée dans un sommeil ; mais en cachette l'ordre fut transgressé partout.

Le vendredi suivant, vers le soir, le rabbi dit à l'empereur : « Que Sa Majesté daigne se déguiser, et accompagner son serviteur chez les Juifs habitant Rome, chez les riches et chez les pauvres, et il verra de ses propres yeux que Moïse mort est plus écouté que l'empereur vivant et dans la possession de son autorité toute puissante. » Ainsi fut fait. Et l'empereur constata avec une surprise sans égale que tous les Juifs indistinctement observaient le jour du Sabbat dans un repos absolu.

créateur, qui par conséquent n'aurait encore subi aucune influence ni par le fait d'actes d'autres hommes, ni du sort, ni des phénomènes de la Nature : enfin si la personne était restée exempte et indemne de toute influence et de toute action venant du dehors. Dans ce cas, mais seulement dans ce cas, la conscience pareille à une masse d'eau limpide, cristalline, serait susceptible de réfléchir fidèlement les images, et de laisser agir sur sa surface lisse les ondes produites sur elle par les pensées et par les velléités des actes.

Il n'en est rien. Dès l'enfance, les habitudes personnelles et l'exemple d'autrui, ainsi que les instincts et les passions qui agitent et bouleversent le cœur, viennent troubler la limpidité de l'organe et diminuent son élasticité : les images réfléchies perdent de leur fidélité et les ondes de leur sensibilité.

La raison n'a pas d'action directe sur la conscience, mais mûrie avec l'âge, et l'expérience aidant, elle peut agir sur la volonté de l'homme et la déterminer à suivre la voie tracée par la justice et la droiture ; elle remplira le rôle de Mentor et au besoin de justicier et de succédané de la conscience. Mais on ne peut ignorer que la raison elle-même est sujette à fléchir sous la poussée d'influences affectives. Tout bien considéré et posé, on se demande combien de personnes en définitive ont le loisir, le désir et l'occasion d'exercer et de fortifier cette faculté si subtile, qui observe, compare et juge les objets, les actes et les hommes ! Prenons une large proportion et disons cinquante sur mille, et que fait-on des neuf cent cinquante restants ? On les abandonne à la lumière vacillante de leur intellect obtus ou peu exercé et à leur conscience troublée et à demi-ankylosée. Que devient la Morale dans ces conditions ?

La Libre-Pensée s'émancipe même de l'égide tutélaire de la conscience, qui pour elle n'est qu'une conception métaphysique, et elle la remplace par la *science*. En effet, au 24e Congrès de la Ligue de l'Enseignement, tenu à Amiens, la définition suivante de la morale *laïque* a été adoptée à l'unanimité :

« La morale est le produit de l'évolution humaine par son perfectionnement méthodique, elle deviendra de plus en plus scientifique, elle est donc indépendante de toute doctrine religieuse ou métaphysique ; elle est exclusivement laïque, a un objet purement humain qui est de régler les rapports entre les hommes et les peuples, suivant les lois de la *raison* et d'après les données de la *science*. »

Comme on voit, la morale n'a aucun lien avec la conscience humaine.

L'évolution, certes, existe, mais dans notre cas, on paraît prendre une vessie pour une lanterne. Ainsi le Christianisme s'est approprié les doctrines juives sur l'amour du prochain et en partie sur la solidarité des hommes, on a changé l'étiquette et les a revêtues de sa propre estampille, et aujourd'hui la Libre-Pensée les démarque à son tour et les proclame *laïques*. Car, le voudraient-ils, ni le Christianisme, ni la Libre-Pensée ne pourraient prétendre que ce sont eux qui les aient découvertes et qu'en dernier lieu le salut du monde vienne de la Libre-Pensée. Son action, nous parlons de la Libre-Pensée, se borne à expliquer les lois morales par le raisonnement et à en commander la pratique ; ceci c'est l'essentiel ; son rôle n'est ainsi que celui d'un enregistreur, d'un commentateur et d'un ordonnateur. La science ne nous a appris jusqu'à présent aucune nouvelle loi morale ; ce qu'elle prétend nous offrir comme sa production à elle, n'est que le réchauffé du plat servi par la morale dite religieuse. Dans son orgueil incommensurable, elle répudie la parole du philosophe de l'antiquité qui s'écria : « Qui suis-je, quelle est ma vie, ma vertu, ma force ? » Elle ne se contente même pas de chanter la louange de l'homme dans les termes suffisamment exaltés mais portant néanmoins le sceau de la vérité, du Psalmiste, qui s'écrie :

« Quand je contemple les cieux, ouvrage de tes mains,

« La lune et les étoiles que tu as créées,

« Qu'est-ce que l'homme, pour que tu te souviennes de lui ?

« Et le fils de l'homme, pour que tu prennes garde à lui ?

« Tu l'as fait de *peu* inférieur à Dieu,

« Et tu l'as couronné de gloire et de magnificence ;

« Tu lui as donné la domination sur les œuvres de tes mains,

« Tu as tout mis sous ses pieds,

« Les brebis comme les bœufs,

« Et les animaux des champs,

« Les oiseaux du ciel et les poissons de la mer,

« Tout ce qui parcourt les sentiers des mers.

« Eternel, notre Seigneur,

« Que ton nom est magnifique sur toute la terre ! »

Non, la Libre-Pensée ne se contente pas de proclamer l'homme un *peu* inférieur à Dieu, elle l'élève d'emblée sur le piédestal d'une divinité ou de ce qui en tient lieu, elle proclame avec assurance que la science, bien entendu la science des naturalistes, suffit à tous : les cellules, l'éther, les atomes, les monères combinés avec les ondes de motion qui elles-mêmes sont produites par des affinités chimiques, sont les forces créatrices de l'Univers. Si cependant elle voulait modérer son orgueil, l'abaisser d'un cran et se demander qui est l'auteur des monères ou, si plus tard on découvre encore une subdivision, qui a créé ces infiniment petits monères subdivisés, qui les a pourvus de l'énergie nécessaire pour produire les affinités qui, à leur tour, actionnées par la force électrique, éveillent et créent la vie en eux, se demander aussi, par quel procédé la chimie produit-elle la pensée c'est-à-dire par quel processus mystique une substance matérielle peut-elle produire une chose immatérielle ? Puis encore s'adresser ces questions : quel est le but de la création, qu'y fait l'homme, pourquoi la nature qui ne fait rien sans un but déterminé, a-t-elle déposé dans le cœur certains désirs et certaines aspirations qui ne peuvent trouver satisfaction dans l'espace de temps placé entre la naissance de l'homme et son trépas ? Pourquoi a-t-elle créé son esprit si peu satisfait, toujours curieux et impatient de s'instruire et d'apprendre des choses qui ne sont pas toujours à sa portée, de poursuivre ses études, d'approfondir ses connaissances, même à un âge avancé ? Pourquoi a-t-elle créé ses curiosités insatiables, si leur satisfaction doit lui rester refusée ? Pourquoi aussi a-t-elle déposé dans l'âme humaine une aspiration assoiffée et inextinguible vers un bonheur parfait qui ne peut pas être son partage dans les conditions où la Nature l'a créé et dans le lieu qui lui est assigné comme habitation ?

Homme orgueilleux, tu te berces d'illusions, si tu comptes sur l'évolution comme sur un stimulant tout-puissant capable de répandre sur l'humanité, dans un temps rapproché, des connaissances scientifiques suffisamment étendues, pour que la Société, guidée par elle, puisse sans autre aide avancer dans la voie du progrès et conquérir le salut suprême. S'il existe encore des pluies de météores, le miracle de la descente du saint-esprit dans l'âme de la foule paraît devenir rare. Tu ne peux pas oublier que l'évolution n'avance qu'au pas de la tortue, lentement, très lentement, puis encore qu'elle a des adversaires puissants rendant sa marche pénible' et difficile, qu'entre autres forces ennemies, elle a à vaincre la routine, le misonéisme et l'égoïsme de l'homme ; au surplus, la masse du peuple, haletant sous le fardeau de la corvée journalière, a peu de loisir ou de désir de s'occuper de questions abstraites. L'évolution aura ainsi besoin de s'appuyer longtemps encore sur la morale religieuse qui lui servira de véhicule, de soutien, de protecteur et de stimulant. Tu fais bien d'espérer dans l'avenir, mais en attendant qu'il réalise sa promesse, humilie-toi, ne donne surtout pas à la morale le titre glorieux d' « indépendante », tu sais qu'elle est *empruntée* et qu'elle *dépend* de circonstances ; ne la qualifie pas d' « universelle », puisqu'elle n'a su inspirer que quelques sommités parmi les hommes et que la masse reste hors de son influence directe, ne l'appelle pas davantage « philosophique », car tu n'ignores pas que ce que tu désignes sous ce nom n'est qu'un legs de la religion ; tout au plus pourras-tu lui octroyer le nom de morale « laïque » en opposition à la morale sacrée, puisque ton désir est de la dépouiller de toute idée de Dieu.)

Revenons à notre repos hebdomadaire.

Le Sabbat dans sa rigidité ne lie que l'Israélite. Les Églises, nous l'avons dit, ont relâché de rigueur et n'ont maintenu comme interdits que les travaux rudes. Le Concile d'Orléans de 558, entre autres adoucissements, a permis les voyages en se servant, comme moyens de locomotion, de chevaux, de bœufs ou de véhicules attelés, puis la préparation des repas, le nettoyage, etc.

Reconnaissons cependant que quelques sectes chrétiennes, entre autres l'Eglise presbytérienne, se sont appliquées dans la suite à réagir contre cette tendance de relâchement.

Constatons ensuite et appuyons de nouveau sur ce fait que l'Eglise chrétienne dès le 4e siècle (au Concile de Nicée) n'a pas conservé au jour de repos la signification biblique, elle l'a rattaché à son histoire particulière à elle (commémoration de la résurrection du Christ) en même temps qu'elle a changé le jour en le portant du 7e au 1er jour de la semaine. Par cette transformation, elle a enlevé au dimanche sa signification sociale de jour de repos, car le corps a besoin de repos, lorsqu'il est fatigué à la suite d'un travail accompli et non avant de l'avoir commencé. Elle lui a enlevé aussi son caractère *universel,* embrassant l'humanité entière pour en faire un jour de fête particulier de l'Eglise rappelant à ses fidèles un événement historique qui n'intéresse qu'eux-mêmes exclusivement. De ces significations, religieuses et sociales, le dimanche n'a conservé que la première, *il est une institution purement religieuse.*

On le voit, tandis que le Sabbat des israélites était soucieux d'étendre le bienfait du repos hebdomadaire au sein de la famille sur toutes les personnes qui la constituent, la famille étroite et la famille élargie : père, mère, enfants, domestiques, ouvriers, obligeant même le propriétaire des

animaux domestiques à leur accorder le chômage d'une
journée et que la raison initiale de son institution a
étendu le chômage et l'a proscrit jusqu'à la terre travailleuse et industrieuse chaque 7e année; l'Eglise a suivi une
autre route, elle a toléré de larges exceptions et a admis
des concessions qui vont jusqu'à un relâchement dans
l'observation du repos. Elle veut se ressaisir aujourd'hui,
elle s'efforce de reprendre ce qu'elle a inconsidérément
abandonné, elle met toute son influence en valeur pour
restaurer le dimanche dans la splendeur qu'il avait avant
sa séparation d'avec le Judaïsme. Sans doute ses intentions
sont sincères, loin de nous de le contester. Il est cependant permis de demander pourquoi elle a attendu si
longtemps, jusqu'à ce que l'initiative, le premier choc du
mouvement soit venu d'une force étrangère à la sienne ;
pourquoi elle s'est laissé enlever cet honneur et ce mérite
par les Socialistes, par les hygiénistes, par les philanthropes, de sorte que ses efforts tardifs ont l'air d'être,
non pas une œuvre spontanée, émanée d'elle, mais bien
une adhésion, une réponse à l'appel des hommes de bien
que nous venons de mentionner, soustraits cependant à
son influence immédiate et directe.

C'est vraiment humiliant pour cette puissante institution
qu'est l'Eglise de se mettre à la remorque des Socialistes
qui ne sont pas précisément ses amis.

Si sous la poussée de ses ennemis, elle concède aujour-
d'hui au dimanche une sous-signification *sociale*, ne nous
en plaignons pas ; au contraire, félicitons-la et félicitons-
nous nous-mêmes, philanthropes, socialistes et israélites,
de ce demi-tour fait par elle vers le Judaïsme. Elle pourrait
aussi bien compléter le mouvement tournant et replacer

le dimanche — le jour de repos hebdomadaire — au samedi, le Sabbat des Juifs, comme aux premiers siècles de son existence.

Le Sabbat, à côté de sa double raison, religieuse et sociale, nous l'avons dit, a en outre une raison éducatrice.

Si par le côté religieux, le Sabbat lie la créature à son créateur, qu'il imprime ainsi à ce jour le caractère d'une manifestation publique proclamant l'existence de Dieu et le reconnaissant comme cause première de la création de l'Univers, et si par le côté social il rend à l'homme sa haute dignité de créature intellectuelle, il veut par le côté éducateur lui octroyer sa *valeur morale*.

Courbé pendant six jours sous le poids d'un travail écrasant pour gagner de quoi subvenir à ses besoins matériels, abaissé ainsi à se considérer comme une simple machine de production, à remplir chaque jour une tâche d'un ordre inférieur, parfois dégradant, uniquement pour complaire à son corps, pour lui apporter résistance, force et énergie : il est clair que si ce procédé devait perdurer indéfiniment, nous l'avons déjà dit, l'homme deviendrait une bête de somme, un animal, les yeux perpétuellement tournés vers la terre. Sa partie supérieure, intellectuelle et morale, par le fait de cette négligence, s'atrophierait infailliblement, et serait livrée au hasard de réveils accidentels et éphémères. L'homme se condamnerait ainsi à baisser intellectuellement et à déchoir moralement. L'expérience est là pour nous montrer la vérité de ce fait.

Les adversaires du repos hebdomadaire, s'il en existe encore, auraient de la peine à nier cette chose évidente, qu'il est indispensable à l'homme, à l'effet de conserver sa haute dignité, d'avoir à sa disposition un temps suffisamment long, temps revenant régulièrement à date fixe, afin de pouvoir se ressaisir, se dépouiller de la vie purement matérielle, routinière et roturière, s'échapper de l'étau dans lequel les soucis mondains le tiennent enserré, s'évader du cercle étroit de pensées déprimantes qui le gardent prisonnier pendant six longues journées ; enfin, cesser d'être une simple machine tournante et devenir un être humain en sa dignité et en son indépendance morale, un être accessible à la connaissance de sa haute destinée.

Il est évident que si l'on veut que le jour de repos hebdomadaire produise ce résultat éducateur, il faudra modifier le programme de son emploi. Cette question est intimement liée à l'institution du jour de repos, mais elle touche à un domaine que la loi civile n'a pas qualité de réglementer, c'est une question de *mœurs,* placée exclusivement sous l'influence de l'école, de la famille et de la religion.

Chez les anciens israélites, cette influence s'était librement exercée au profit de la morale sociale.

Il serait profondément regrettable qu'un homme laborieux et actif ne parvînt pas à gagner en six jours de quoi subvenir aux besoins de la vie, non seulement de ces six jours *ouvrables,* mais encore du septième, le jour du chômage. Dans une société sainement organisée, le produit du travail des six jours devrait amplement suffire à cette fin; même à mettre le travailleur en état de constituer et d'alimenter une petite caisse d'épargne. Ce n'est qu'en cas de maladie prolongée que la misère pourrait réclamer quelque droit de frapper à la porte de ces infortunés, sans toutefois pouvoir en passer le seuil : les caisses de mutualité et d'associations de secours, au besoin les œuvres charitables devraient lui en interdire l'accès.

Si le monde commence à être d'accord sur la nécessité d'instituer un jour de repos par semaine, et rend ainsi inconsciemment hommage à la loi mosaïque, il ne l'est plus, lorsque la question se porte sur le choix du jour destiné au repos et sur le caractère qu'il faut lui imprimer. La divergence réside dans la question de savoir si la loi doit donner un caractère obligatoire à tel jour plutôt qu'à tel autre et si l'obligation doit être imposée à toute la population d'un pays indistinctement ; puis dans cette autre question connexe à la première, si le jour préféré doit revêtir un caractère purement religieux ou un caractère purement social et civil, ou si tous les deux doivent y participer avec ou sans prédominance de l'un d'eux ?

On pourrait le regretter dans le camp de l'Eglise, regret partagé par tous les hommes au sentiment religieux développé et ardent, mais il nous semble que la seconde question est définitivement résolue, du moins en Belgique : le jour de repos hebdomadaire doit prendre exclusivement le caractère *social* et *civil*. D'après la Constitution belge, l'Etat reconnaît les Eglises et pourvoit de ses deniers à leur entretien matériel, mais elle proclame le pouvoir laïc et tout l'attirail législatif indépendants de la religion. Le jour de repos hebdomadaire ne peut donc être traité dans la législation qu'au point de vue social et toutes ses dispositions doivent conserver ce caractère.

L'Eglise n'a pas le droit d'intervenir dans la législation ; toutefois, s'inspirant de sa mission, elle pourrait imprégner le jour de repos établi, du caractère religieux et faire rayonner son influence sur les mœurs du peuple, de même que les philanthropes pourraient imprimer à ce jour un caractère éducateur.

La première question, du moment qu'on laisse la loi, n'offre aucune difficulté. On donnera la préférence au dimanche, puisque ce jour est le jour de repos de la majorité de la population. Mais il ne s'en suit pas que ce jour doit être imposé de force à tous les habitants indistinctement.

Trois raisons s'y opposent :

1. L'intérêt des dissidents de la religion chrétienne ;

2. L'intérêt économique de certaines industries et professions ;

3. L'intérêt du développement industriel de la Nation.

Au nombre des dissidents, nous comprenons la grande phalange des Libres-Penseurs et des Athées qui n'admettent pas de distinction entre les jours de la semaine pour reconnaître à l'un plus qu'à l'autre un caractère de sainteté, puis les Sabbataïns — secte chrétienne répandue en Amérique, qui observe le Sabbat comme jour de repos — ensuite les israélites et les mahométans pour lesquels respectivement le samedi et le vendredi ont leur caractère de jour de repos consacré par leur religion. On ne pourrait pas, sans violenter les principes de l'égalité devant la loi et de la justice, imposer aux premiers l'observation du dimanche comme jour de repos — la consécration religieuse de ce jour n'existant pas pour eux — si pour leur convenance personnelle ou dans l'intérêt de leurs affaires ils voulaient donner la préférence à un autre jour de la semaine.

Les Israélites, les Sabbataïns et les Mahométans qui, dans leur conscience, se croient obligés de donner le caractère du jour de repos hebdomadaire à celui des jours de la semaine qui leur est désigné comme tel par leur religion, seraient gravement lésés dans leurs intérêts, s'ils devaient chômer *deux jours* par semaine, l'un pour obéir à la loi civile et l'autre par obligation envers la loi religieuse. Leur position économique serait manifestement inférieure à celle de leurs concurrents chrétiens, toute lutte sur ce terrain leur serait rendue impossible ; en outre, le repos obligatoire de deux jours par semaine leur enlevant le sixième de leurs revenus, prendrait décidément pour eux le caractère d'une loi de *spoliation* et de *ruine*.

Quant à l'intérêt économique d'une certaine classe d'industries, de métiers et de professions, on ne peut oublier ni contester que les dimanches, les jours de fête et de marché entrent pour un grand pourcentage dans leurs recettes hebdomadaires. Nous rangeons dans cette classe d'industriels, les coiffeurs, les marchands de tabac, les boulangers, les pâtissiers, les bouchers, les charcutiers, toute la kyrielle de marchands-fournisseurs de campagnards, les forains, le personnel des théâtres, concerts et autres lieux d'amusement, les hôteliers, cafetiers, brasseurs, cabaretiers, les garçons-serveurs et les serveuses, etc.

Le public de son côté ne souffrirait pas moins du chômage forcé de la grande armée comprenant ces professionnels et le personnel qui en dépend. Il n'y a pas lieu d'insister longuement sur ce sujet : des mœurs enracinées ne se modifient pas au commandement d'une loi et telles qu'elles se sont formées et subsistent actuellement dans notre société, elles ne se prêtent guère au chômage général et rigoureux des métiers dont nous parlons. Sans être injuste, la loi ne pourrait pas non plus faire un triage parmi les métiers, permettant aux uns l'exercice et le refusant aux autres.

3. Le chômage forcé des grandes industries, des usines, des ateliers, des services publics, télégraphes et téléphones, serait non moins fortement préjudiciable à l'intérêt général du pays, on pourrait dire qu'il lui serait funeste.

Certains pays, dont la Belgique, vivant en grande partie de leur industrie et de leur commerce, pour être placés dans de bonnes conditions de lutte à l'égard des autres pays d'une industrie intense et d'un commerce actif, sont obligés de faire de grands efforts, de déployer toute leur énergie, de mettre en mouvement tous les facteurs d'action dont ils disposent pour maintenir l'impulsion donnée à l'activité nationale dans une marche ascendante. « Tout arrêt chez l'un, signifie avancement du rival et propre recul. » (Aboth i. 13).

L'objection que l'on voudrait faire, que les pays les plus industriels, tels que l'Angleterre, les Etats-Unis d'Amérique et depuis une vingtaine d'années l'Allemagne, ont admis une législation sur le repos hebdomadaire, telle qu'on désire l'introduire en Belgique, cette objection ne peut guère être appliquée à ce dernier pays. Les mœurs de ces pays étrangers diffèrent essentiellement de celles de la Belgique. D'abord parce qu'une grande partie de leurs habitants sont protestants et que le dimanche dans les pays protestants a un autre caractère que dans les pays catholiques ; ensuite par cette autre circonstance, que les habitudes et le genre de vie y étant tout autres qu'en Belgique, le régime du travail en diffère également d'une manière notable. Il faut aussi mettre en ligne de compte que ces trois pays, ou du moins les deux premiers nommés, possédant infiniment plus de ressources naturelles que la Belgique ainsi qu'une influence mondiale infiniment plus importante, n'admettent pas de comparaison avec eux dans la question du repos dominical. L'Allemagne, la dernière venue pour l'introduction du repos dominical dans sa législation, la dernière venue aussi dans la lutte pour la conquête du marché mondial, souffre du reste beaucoup des suites de sa nouvelle législation dominicale, et n'étaient l'énergie et la persévérance du peuple allemand, comme l'avance antérieurement acquise par les deux Etats anglo-saxons, la lutte deviendrait également très dure à tous les trois. Notons encore en passant que l'Allemagne et l'Angleterre possèdent, au moins en fait, des religions d'Etat.

La Belgique, comme on voit, n'est pas dans les conditions voulues, vu l'état actuel de la lutte, pour entreprendre une concurrence avec les nations rivales sans perdre du terrain. Ce qui aurait été possible, il y a vingt ou trente ans encore, ne l'est plus aujourd'hui ; car la transformation des mœurs d'un peuple n'est pas l'œuvre de quelques années et, pendant le temps nécessaire à cette transformation, le pays se serait laissé distancer par les autres d'une manière irréparable.

Une issue à cette difficulté, surtout si l'on s'avisait d'imprimer le caractère religieux au dimanche, n'est pas aisée à trouver ; car dans les questions religieuses, affaires de dogmes et de formes, il n'y a pas lieu de transiger. Si la religion interdit le travail, l'interdiction s'étend sur tout genre de labour, quel qu'il soit et quel que soit son mode d'exécution.

On le voit, le jour de repos hebdomadaire à édicter par la loi civile, en vue de conserver son opportunité, son élasticité et son efficacité, enfin en vue de répondre au but de son institution, doit prendre un caractère *social* à l'exclusion de toute immixtion de la religion. Il doit être et rester *social* dans sa manifestation extérieure et dans ses dispositions légales.

Il doit être loisible à tout citoyen de choisir lui-même le jour de repos hebdomadaire suivant ses convenances personnelles, suivant les prescriptions de la religion qu'il professe et suivant les nécessités de ses affaires ou de ses occupations professionnelles, *pourvu qu'il en observe un.*

A cette fin il fera une déclaration publique devant le bourgmestre de sa commune ou devant le juge de paix de son canton ou devant un comité nommé *ad hoc* par le tribunal de son ressort. La législation désignera cette autorité. Cette déclaration est faite pour lui et pour les personnes sous sa dépendance légale. S'il est chef de fabrique, d'atelier, de magasin ou de bureau, les ouvriers, les employés et les commis majeurs à son service, font une déclaration pareille devant les mêmes autorités. Une partie choisira le dimanche comme son jour de repos hebdomadaire, comme une partie pourra donner la préférence à un autre jour de la semaine, chacun agira suivant ses convenances personnelles, tout en prenant également en considération les intérêts de l'établissement auquel il est attaché. Il arrivera ainsi que tel établissement sera fermé le dimanche et tel autre travaillera partiellement.

Il en sera de même quant au personnel des grandes administrations et services publics. Une partie quelconque des employés et ouvriers travaillera éventuellement le dimanche et la grosse partie chômera ce jour. Les services publics accuseront ainsi nécessairement une diminution d'activité le dimanche, mais ils ne seront pas complètement interrompus, tout en assurant à chaque individu la jouissance d'un jour de repos par semaine.

En légiférant sur cette base, la loi sauvegardera tous les intérêts vitaux de la Société, elle respectera la tolérance religieuse, la liberté individuelle et les intérêts économiques du pays.

Au début, par mesure de transition, afin d'éviter des perturbations dans l'organisation des services, des heurts trop brusques dans les habitudes du public, il sera prudent de temporiser, de procéder avec lenteur et d'user d'une bonne dose d'indulgence. Toutefois on aurait tort de s'exagérer les difficultés de ces transformations. Un nouveau pli, un changement d'usages se formera avec le temps et la Société sera dotée d'une œuvre durable de grande importance.

La loi qui sortira des délibérations du Parlement belge, aura-t-elle ce caractère large, libéral et entièrement social? Oui, si les trois partis en présence pouvaient se décider à abandonner pour un instant le terrain politique et se placer de commun accord sur le domaine purement social. L'intérêt humanitaire général le commanderait, mais pour le malheur du pays, les partis politiques d'ordinaire ne consultent que leurs propres intérêts, l'intérêt du parti, l'intérêt électoral.

Dans notre cas il est à craindre que les trois partis ne se cantonnent chacun dans son enclos. Les Socialistes, enfourchant leur grand cheval de bataille, péroreront avec emphase sur les grands principes de Sociologie — envisagés naturellement à leur point de vue exclusif — parleront de protection du travailleur, de la nécessité impérieuse pour lui de reprendre haleine — l'occasion s'y prête admirablement — parleront encore de la douceur de la vie familiale, de son rôle civilisateur et moralisateur. Ils profiteront de la bonne aubaine pour décocher quelques traits au Capital (majuscule) qui exploite le Travail et qui ne veut lui accorder ni relâche ni adoucissement, et ainsi de suite. Dans leur indignation à la vue des abus du Capital à l'égard du Travail, ils n'oublieront qu'*une* chose, la logique, la nécessité de rester conséquents avec leurs principes. Ils ne s'occuperont que des *ouvriers,* leurs électeurs, sans se dire que tous les travailleurs indistinctement ont besoin d'un jour de repos par semaine, les patrons comme les ouvriers, les maîtres comme les serviteurs, tous les métiers sans en excepter aucun.

Le parti catholique aurait pu jouer le beau rôle dans cette question, si l'Eglise, à côté du caractère religieux, avait conservé au dimanche le caractère social, tel que la Bible l'avait imprimé au Sabbat. Elle ne l'a pas fait et si les Pères de l'Eglise font allusion parfois au côté social du dimanche, c'est incidemment, sans lui donner la même importance qu'au côté religieux. Peu à peu le caractère social a été presque totalement sacrifié. Ce n'est qu'à notre époque, réveillée par les revendications du parti Socialiste, que l'Eglise a eu conscience de la faute d'oubli qu'elle a commise et qu'elle s'empresse de restituer au dimanche sa signification primitive, signification sociale autant que religieuse. Les dernières Encycliques en témoignent. Sans doute l'Eglise est sincère, ainsi que le parti politique qui sert ses intérêts. Mais comme la nouvelle empreinte qu'elle se plaît aujourd'hui à donner au dimanche n'a pas encore eu le temps de durcir pour conserver fidèlement l'image du nouveau cachet, n'y a-t-il pas lieu de craindre que sous la pression de l'ancienne empreinte, stéréotypée celle-là, la nouvelle ne s'efface peu à peu pour ne laisser subsister que l'ancienne ? Dans la vie pratique, il n'est pas rare que l'enfant *adopté* ne soit négligé et sacrifié en faveur de l'enfant *légitime*. Dans notre cas il y aurait lieu de craindre que le caractère religieux du dimanche ne prenne de nouveau le dessus sur le caractère hygiénique et social. On sait qu'en politique, l'homme honnête ne croit pas déchoir par un petit tour d'escamotage ou par une feinte d'escrime.

Le parti libéral, s'il voulait ruser à son tour, aurait une bonne occasion de chanter la beauté de la liberté individuelle qui s'oppose à toute contrainte portée à la franche et complète disposition de la personne, de son temps et de son activité. Il pourrait aussi feindre d'oublier que plusieurs fois, volontairement, à sa propre initiative, il a donné un accroc à ce principe de liberté dont il aime à s'ériger en champion privilégié. Ainsi il n'a pas hésité à appuyer chaudement la loi sur, c'est-à-dire *contre* l'alcoolisme qui, cependant, restreint la liberté individuelle ; il n'est pas moins adversaire de la franchise accordée au fainéant, au libertin, d'entraîner ses enfants dans la bourbe du vice dans laquelle il s'est enfoncé lui-même, de leur apprendre le mensonge, la mendicité et le vol; enfin l'instruction obligatoire qu'il demande, n'implique-t-elle pas une atteinte à la liberté du père de famille ? Le service personnel (militaire) entre dans la même catégorie.

Dans la question du repos hebdomadaire, l'homme politique du parti libéral doit comme dans les autres questions où des intérêts d'un ordre supérieur sont impliqués, savoir sacrifier sés préférences pour la liberté au bien général ; dans notre cas, à l'hygiène et au relèvement intellectuel et moral de la nation.

Si les partis en présence se laissent guider dans la délibération du projet de loi sur le repos hebdomadaire, par l'unique désir de confectionner une bonne et sincère loi sociale et hygiénique, s'ils respectent intégralement les principes de tolérance religieuse, s'ils sont soucieux de sauvegarder les intérêts du développement industriel et commercial du pays, soucieux aussi d'être justes dans la mesure du possible envers les différentes classes de la Société : la loi qui sortira des conseils des facteurs législatifs sera une loi bonne et salutaire ; elle répondra à son but.

Si au contraire, elle devait subir les influences *politiques* des partis, elle deviendrait boiteuse et inefficace, elle ferait plus de mal que de bien.

On verra peut-être une contradiction entre l'opinion que nous avons émise plus haut sur l'observance du Sabbat, en lui attribuant le triple caractère religieux, social et éducateur et l'exposé de notre manière de voir tel que nous venons de le faire ici sur le projet de loi relatif au repos dominical en Belgique, en demandant que la loi ait exclusivement un caractère social. Il n'en est rien. D'abord, nous l'avons dit, rien n'empêche et ne peut empêcher l'Eglise de donner au dimanche le caractère religieux et moral dans ses rapports avec les fidèles soit dans l'intérieur des Eglises, soit dans la vie privée et familiale, tout comme elle l'entend elle-même. Mais la loi doit prendre franchement et exclusivement le caractère *social* et *hygiénique.*

On ne doit pas oublier non plus que le Sabbat des Juifs dans sa rigueur ne lie que le peuple juif à qui il a été donné, qu'il n'élève aucune prétention de s'imposer aux non-coreligionnaires.

Chez les anciens Israélites, peuple d'agriculteurs, le Sabbat pouvait exercer son influence dans toutes les directions, il pouvait se manifester dans son triple caractère : il a affranchi l'individu un jour sur sept non seulement du travail manuel, mais aussi de tout souci et de toute préoccupation matérielle ; il l'a libéré de toute dépendance d'autres personnes et l'a élevé au-dessus de la partie purement animale de son être. Le Sabbat était pour l'israélite un jour d'émancipation spirituelle.

Nous aimerions encore aujourd'hui lui voir reprendre cet empire libérateur au sein du Judaïsme, mais cela moins en vertu d'une loi civile, que par l'effort de la volonté individuelle du fidèle ; non par une disposition légale, liant servilement la collectivité du peuple, mais par la suggestion de sa conscience.

XII. Les rapports entre le Socialisme et la religion.

On constate non sans surprise que depuis que les Socialistes se sont constitués en un parti distinct, politique autant qu'économique, un grand nombre de ses adhérents, chefs et membres, dans les pays catholiques autant que dans les contrées habitées par une population protestante ou mixte, paraissent vouloir bouder à la religion, la prendre en désaffection et se jeter dans les bras de la Libre-Pensée et de l'Athéisme.

L'Eglise ou plutôt les Eglises, à l'aspect de ce phénomène troublant et peu réconfortant, presque alarmant, imitent dans leur raisonnement le maître qui a perdu la sympathie de ses serviteurs ou le père à qui l'affection de ses enfants commence à échapper. L'un et l'autre se persuadent que la cause, toute la cause de ce fait déconcertant, se trouve dans l'esprit troublé et le cœur perverti des serviteurs ou des enfants; ils accusent la mauvaise compagnie, la mauvaise lecture, la séduction, l'entraînement, mais ne pensent pas un instant à chercher la raison ou une partie de la raison de la désaffection dans leur propre personne, dans un changement de leur procédé à l'égard de leurs subordonnés, en un affaiblissement du sentiment d'équité et d'indulgence envers eux, ou en une diminution d'intensité de leur amour paternel, ou simplement en une faute de tactique.

Les Eglises, de même, tendent à trouver la raison de la désertion des socialistes dans une maladie psychologique des temps modernes ; elles rejettent la faute sur le nouveau groupe politique, appellent ses partisans de pauvres égarés, à l'esprit troublé et au cœur endurci, des enfants du Démon, voulant jeter bas tout joug, s'affranchir de tout frein, s'émanciper de toute loi d'autorité et créer un nouveau régime sans Dieu et sans Maître.

Nous leur dirons avec le poète sacré : « Si elles étaient plus intelligentes et plus sagaces, elles comprendraient[1] qu'une partie, une grande partie de la faute, leur doit être imputée à elles-mêmes ; elles se frapperaient la poitrine et confesseraient avec contrition : nous avons péché, nous avons mal compris et surtout mal accompli notre mission. »

Nous avons indiqué dans la première partie dans quelle mesure et limite les revendications des Socialistes sont justes, sont dignes d'être prises en considération et méritent d'obtenir satisfaction. Au lieu de se prêter avec bienveillance à un examen de ces revendications, d'accorder au moins celles d'entre elles qui étaient fondées, les Eglises et la Société civile à leur suite se sont aveuglément et obstinément opposées à toute concession, ont refusé toute satisfaction, même celle de reconnaître comme dignes d'attention les demandes qui sont justes et qui portent un caractère d'urgence.

Par ce procédé hautain et dur, elles ont exaspéré toute

1. Deut. XXXII. 20.

la classe des travailleurs indistinctement et avec eux les
hommes de cœur ; elles les ont jetés dans une opposition
irréconciliable, les ont poussés à enfler leurs revendications, à les hausser jusqu'à l'utopie, à l'irréalisable et à les
clamer d'un ton de plus en plus impérieux.

Etant personnellement étranger aux Eglises chrétiennes,
nous ne nous autorisons pas à nous ériger en critique de
leurs procédés et de la façon dont elles ont compris leur
mission et l'ont accomplie. Nous constatons des faits et
avons surtout à cœur de distinguer entre Eglises ou religions (au pluriel) et *la religion* sans qualification déterminée. Celle-ci suit une route à part, elle s'associe aux
Eglises, leur prête ce qu'elles désirent lui emprunter,
mais elle ne s'identifie pas avec elles. Dans sa marche
éthérée elle dispense bénédiction, consolation et force.
Elle aime la vérité, non pas une vérité conventionnelle,
imposée, vérité réfractaire à la lumière de la raison, mais
la vérité telle qu'elle se fait connaître à l'homme par son
intelligence et l'expérimentation, par sa sensibilité ou par
des événements historiques authentiques. (Deutér. xxx. 11
et 14). Elle aime la justice, non celle qui tolère les abus et
qui admet une distinction entre les hommes d'après leurs
avantages matériels, mais celle qui défend d'avoir des
égards envers les grands et de favoriser indûment les
petits (Ex. xxiii. 3 ; Lév. xix. 15 ; Deut. xvi. 18 à 20), qui
juge d'après les faits dans la limite de la lumière humaine
et d'après les motifs qui ont inspiré leur création. Elle
aime la charité, celle qui voit dans chaque créature
humaine son semblable, son frère (Lév. xix. 18), l'étranger
comme l'indigène (id. 33 et 34), l'homme de race et de
culte différents comme le compatriote et le coreligionnaire

(Guittine 61 a) et non pas celle qui en séparant les hommes en castes, en classes et en catégories hostiles, s'accorde aux unes et se refuse aux autres. Elle ne proclame pas ce mot prétentieux et impie : « hors de moi point de salut », elle invite tous les hommes de bonne volonté et d'actes intègres à s'associer au banquet des bienheureux, elle dit avec le Talmud : « les justes de tous les peuples ont part à la vie future ». (Sanhédrin 105 a). Elle se rend compte que l'homme n'est que partiellement responsable de sa croyance qui, en définitive, ne dépend pas de sa volonté. Si les Eglises diverses prêchent la résignation et la passivité en présence de l'infortune du sort ou de l'injustice humaine, la religion, elle, au contraire, recommande la persévérance dans la lutte contre les coups du destin et de la Nature et ne recommande pas moins la lutte contre l'injustice des méchants ; si les Eglises se contentent de la foi des fidèles et de la grâce de Dieu pour leur assurer le salut éternel, la religion, sans rejeter la foi éclairée ni les effets de la grâce, réclame les fruits de la foi, des œuvres, des actes, les réclame en première ligne d'une manière impérieuse et persistante, elle donne l'épithète d'absurde à la foi passive et stérile et de blasphématoire à la confiance, privée d'action, en la grâce de Dieu; si les Eglises placent la rémunération des œuvres des humains dans le ciel, la religion, d'accord avec la doctrine sur l'enchaînement naturel des causes et des effets, fait suivre sans retard la rémunération aux efforts de l'homme dans la voie du devoir et suivre aussi les conséquences néfastes aux méfaits qu'il commet, les fait accompagner sans interruption, les premiers sous la forme d'une satisfaction intime et les derniers comme la riposte à l'attaque. Cette rémunération n'est pas toujours adéquate ni complètement compensatrice dans cette vie, elle le reconnaît et l'enseigne, elle n'hésite pas à renvoyer le bilan final dans l'au-delà et d'enseigner que le ciel fera clôturer les comptes qui n'ont pas été balancés ici-bas et solder les arriérés restés en souffrance. Elle enseigne en outre, et là est son grand mérite, que le bien doit être fait par amour du bien et que le mal doit être délaissé et fui par haine du mal [1].

Nous venons de le dire, il y a un instant, la religion ne veut pas et ne peut pas vouloir qu'une injustice se

1. Un jour une femme supérieure, pieuse et vertueuse se présenta devant Josua ben Perachya (celui-là qui avait pour maxime : « procure-toi un maître (professeur), acquiers un compagnon (d'étude) et interprète les actions de ton prochain du bon côté » — Aboth i. 6) et lui dit : « Maître, permettez à une humble femme du peuple de vous adresser une question qui pourrait paraître déplacée et même irrespectueuse. Je ne puis pas comprendre l'enseignement sur l'Eden (Paradis) et le Guéhinnome (séjour temporaire des réprouvés). Ne faut-il pas remplir ses devoirs par amour de Dieu, n'est-il pas écrit : « tu aimeras l'Eternel ton Dieu de tout ton cœur, de toute ton âme et de toutes tes forces? » (Deut. vi. 5). Pourquoi alors la doctrine sur la récompense et la punition? Cet enseignement devrait être éliminé de l'instruction religieuse ».

Le rabbi lui dit : « Ta question n'est ni déplacée ni irrespectueuse ; ta conception sur le sentiment du devoir est la seule vraie. Mais il y a tant de pauvres humains dont ni la conception, ni l'entendement, ni la conscience ne sont au niveau normal. C'est pour eux en guise de stimulant et de frein que l'enseignement relatif à la récompense et à la punition a été admis. Cet enseignement cependant s'accorde parfaitement avec notre conception sur l'amour de Dieu et sur la justice divine. Tu as des enfants qui t'aiment et qui t'obéissent par affection ; cela ne t'empêche pas de les récompenser avec bonheur s'ils pratiquent le bien et de les gronder s'ils manquent à leurs devoirs ».

commette au détriment du faible, que le pauvre honnête, courageux et laborieux souffre par le fait de l'iniquité du riche, que l'humble travailleur soit foulé aux pieds par le fainéant orgueilleux et vaniteux ; le fait de l'établissement de distinctions entre les hommes d'après des avantages matériels est une horreur à ses yeux ; elle répugne de même à un ascétisme contre-nature, elle aime au contraire et recommande la vie laborieuse et honnête, mais non contristée ; elle permet la jouissance modérée des biens que Dieu nous a donnés et ne trouve nul plaisir à la flagellation et à la mortification du corps comme moyen de salut.

Les religions, pour avoir oublié ces vérités, religieuses cependant, surtout en maintenant et en encourageant la perpétuation de la séparation des hommes en classes distinctes, non selon leur mérite personnel intrinsèque, mais selon leur fortune et leur naissance, comme si en réalité la conception, la gestation, la naissance, les autres contingences et phénomènes de la vie et finalement la mort de l'homme étaient différents chez l'un et chez l'autre suivant leur qualité extrinsèque et fortuite, *les religions*, disons-nous, se sont fait désaffectionner non seulement des pauvres et des déshérités qui en sont les victimes, mais en outre des hommes au cœur droit et juste en général ; elles ont éloigné de leur giron les uns et les autres et, ce qui est vraiment à déplorer, elles les ont soustraits à l'influence de *la religion* qui, elle, n'est pas responsable des méfaits commis par les conceptions qui s'affublent de son nom, qui, au contraire les condamne avec autant d'énergie qu'elle désapprouve et repousse les incroyances ou les croyances négatives.

Nous sommes amenés à déplorer les erreurs de ces pseudo-religions, parce qu'en les faisant déserter par tant de malheureux, elles leur ravissent par ce fait les biens réconfortants que la religion apporte à l'humanité, elles ont étouffé en eux jusqu'au sentiment religieux.

Heureusement la responsabilité de ce que nous pouvons appeler un désastre, n'incombe pas à la religion non-sectaire, à la religion universelle et si nous touchons ici la question, c'est que le grand public ne distingue pas entre les religions, qui sont en partie des œuvres humaines, et *la religion* qui par la pureté de ses conceptions et l'élévation de ses doctrines se légitime comme œuvre divine, le public qui est simpliste et qui aime à généraliser, s'il s'éloigne d'une Eglise, rompt en même temps le lien qui l'attache à *la* religion. La synagogue est douloureusement affectée de ce triste état de choses ; car, comme leurs concitoyens d'autres confessions, les israélites se relâchent à leur tour du culte de leurs pères, ils s'en détachent par esprit d'imitation et par contagion. Si un membre du corps est malade, l'ensemble de l'organisme n'en souffre-t-il pas par une espèce de sympathie réflexe ?

On ne doit pas accuser la religion juive de présomption, si elle plaide non coupable devant les accusations portées contre *les* religions. Aucun des reproches que nous avons lancés contre les religions ne la touche, à telles enseignes que, quelque paradoxal que cela puisse paraître, en beaucoup de points elle est d'accord avec la Libre-Pensée, non comme secte, mais comme adhérent du libre examen. Ainsi, sous réserve de quelques amendements peu importants, pourrait-elle signer les *conclusions* proposées et adoptées par le Congrès de la Libre-Pensée tenu récemment à Rome, en rejetant toutefois les « considérants » et pour cause, car les uns partent de l'affirmation et les autres de la négation.

Voici ces conclusions :

« Le Congrès estime que la morale laïque peut établir et proclamer les principes suivants :

1° Que l'accomplissement du bien trouve en soi-même sa récompense et ne doit pas être présenté comme une opération usuraire ;

2° Que l'homme, croyant ce qu'il peut et non ce qu'il veut, ne saurait être puni pour ce qu'il croit ;

3° Que le privilège qui, dès avant leur naissance, assure aux uns la béatitude et condamne les autres à la souffrance, est une scandaleuse iniquité, soit en cette vie, soit en l'autre — à supposer qu'il y eût une autre vie après celle-ci ;

4° Qu'il ne suffit pas de conseiller aux riches de donner aux pauvres les miettes de leur superflu, qu'il faut leur prêcher l'obligation de collaborer à la création d'un état social où chacun obtiendra ce qui lui est dû ;

5° Que le devoir consiste non pas à mutiler la nature humaine en refusant au cœur, à l'esprit et au corps les satisfactions auxquelles ils ont droit, mais au contraire à développer intégralement toutes les énergies qui peuvent accroître la dignité, la joie de vivre, le savoir et la pensée indépendante dans l'individu et dans l'espèce. »

ad 1. La doctrine juive par la bouche d'Antigono de Socho (Aboth I. 3) exhorte clairement l'Israélite à faire le bien sans arrière-pensée, telle que l'intention par exemple, de recevoir une récompense ; puis, que de fois le Talmud ne recommande-t-il pas l'étude de la Loi — qui pour l'israélite est un devoir de premier ordre — et la pratique du bien par *amour du bien?* Certes, nous l'avons dit tout à l'heure, la religion juive admet et promet d'une manière formelle une récompense directe ici-bas et dans l'au-delà comme suite et conséquence de toute bonne œuvre accomplie par l'homme dans sa vie, mais elle condamne non moins clairement l'intention intéressée, le désir égoïste de traiter la question du bien et du mal, comme s'il s'agissait d'une transaction commerciale ;

ad 2. Le Judaïsme n'a pas de dogmes mystiques, il en établit trois fondamentaux et rationnels :

1, la croyance en une cause première de toute chose (vérité philosophique),

2, la croyance dans l'origine divine de la doctrine sinaïque (vérité historique),

3, la croyance dans la justice immanente, compensatrice des œuvres humaines (vérité morale). Il enseigne que l'homme est jugé d'après ses intentions, si elles sont bonnes, et ses œuvres, quelles qu'elles soient, mais non d'après ses croyances. Nulle part dans ses documents n'est édictée l'obligation de croire à des dogmes dont l'évidence ne s'impose pas à l'esprit et au cœur. (Ikarim de Jos. Albo) ;

ad 3. La doctrine que tous les hommes justes et intègres, qu'ils soient juifs ou non-juifs, ont part à la béatitude de l'au-delà est essentiellement juive, nous venons de le dire il y a un instant ;

ad 4. Les rapports entre les riches et les pauvres, les forts et les faibles — la première partie de notre Etude l'expose en long — sont réglés de telle sorte, que les œuvres de charité si multiples et si variées, ne portent même pas dans la législation juive le nom d'œuvres de charité, mais bien d'actes de justice et d'équité, à telles enseignes que la langue hébraïque — l'ancienne langue nationale des Juifs — ne possède pas de mot pour désigner la chose qu'on appelle « aumône », le mot employé comme son équivalent, signifie en vérité « justice » ; la loi dit : venir en aide à son prochain est un acte de justice, une obligation juridique, rien de plus ;

ad 5. La mutilation du corps n'est pas même permise sur les animaux (Lév. XXII. 24[1]) « vous ne la pratiquerez pas dans votre pays », à plus forte raison elle est abhorrée si elle est pratiquée sur les hommes, l'abstinence outrée et contre-nature est interdite ; au contraire, la satisfaction modérée des désirs naturels est considérée comme un devoir ; l'ascétisme n'y trouve ainsi pas de place, il est contraire à la lettre et à l'esprit des textes sacrés. Le jeûne au grand jour d'expiation ou de pardon (conciliation générale) ne s'inspire pas d'ascétisme, il a une signification purement morale. (Lév. XVI. 30, Isaïe t.VIII, 6 et 7).

Si la doctrine juive peut ainsi signer les conclusions susvisées de la Libre-Pensée, il ne s'en suit pas qu'elle s'identifie avec elle ; loin de là, elle est l'antithèse de l'athéisme, puisqu'elle enseigne l'existence de Dieu ; et elle combat le matérialisme, puisqu'elle admet la vie de l'âme ; d'un autre côté elle ne se familiarise ni avec les doctrines de Schoppenhauer ni avec celles de Nietzsche, ni avec celles d'Auguste Comte ; par contre, elle sait mettre d'accord l'individualisme — lutte pour l'existence — et le solidarisme — la fraternité des hommes.

1. La fin de ce verset est mal rendue par la traduction de M. Louis Segond.

Cet exposé suffit pour démontrer que la doctrine du Libre Examen — nous évitons l'expression de Libre-Pensée — s'harmonise avec les enseignements de *la religion*, dans notre cas avec la religion juive et qu'en outre celle-ci est d'accord avec les principes de la Sociologie pure et saine.

Quant aux Eglises, il ne nous appartient pas d'en prendre la défense ; c'est l'affaire de leurs prêtres.

Nous ne pouvons nous abstenir d'exprimer à cette place nos regrets, que la Libre-Pensée ne soit pas restée ce qu'elle était dans le principe : « le droit à reconnaître à tout homme d'examiner sans préconception, mais aussi sans parti-pris, chacun selon les forces de ses facultés, les enseignements et les doctrines qu'on présente à son adoption comme croyance et comme règle de conduite ». Nous aurions préféré lui conserver le nom de « libre examen », comme expression plus adéquate à son essence.

Le Libre Examen en devenant « La Libre-Pensée » a changé de caractère ; elle qui rejette les sectes religieuses, s'est transformée elle-même en une secte distincte avec un peu de mysticisme, comme toute religion qui se respecte, avec le caractère aussi d'une petite chapelle à part, possédant son autel, ses prêtres et même, pour compléter la comparaison, son brin d'intolérance.

Les efforts du Libre Examen sont louables et ses résultats assez étendus pour marquer un progrès notable dans la marche de l'évolution de l'espèce. Le juif cependant se dit non sans étonnement : quel travail intellectuel immense les sommités de l'humanité, philosophes, économistes, philanthropes, n'ont-ils pas dépensé, pour arriver à quoi ? à produire une œuvre qu'il connaît, lui, depuis plus de trois mille ans et qu'il possède dans un état plus parfait que l'élaborat des Platon, des Aristote, des Auguste Comte, des Lassalle, en passant par les savants du Moyen Age !

(Les questions relatives à l'administration de la justice, au militarisme, au féminisme, aux lois fiscales, aux droits politiques des citoyens d'après les doctrines juives ont été traitées dans notre « Eldorado retrouvé, l'Etat idéal » ; nous nous permettons d'y renvoyer).

XIII. Quelques lois détachées.

Sans doute l'imposition de charges fiscales se justifie pleinement dans tout État régulièrement organisé ; mais ces charges, toujours dures à supporter, devraient être réparties d'une manière scrupuleusement équitable. Cette tâche, malheureusement, est une des plus difficiles et des plus arduesLes législations guidées par les économistes, quelque bonne volonté qu'elles mettent à être impartiales, ne parviennent que rarement à accomplir leur mission avec une justice distributive irréprochable. La chose s'explique facilement. A part cette considération que toute œuvre humaine est imparfaite, la circonstance que les gouvernants appartiennent presque exclusivement à la classe des possédants pèse lourdement sur les décisions. N'est pas juste qui veut, lorsque ses propres intérêts interviennent comme conseillers dans les débats.

Contentons-nous de citer à cette place deux ou trois exemples sujets à critique :

La loi, jeune encore, met à la charge du propriétaire l'impôt foncier. Cette mesure est juste, mais la pratique n'en tient pas compte et, à l'effet de se soustraire à cette obligation, cette pratique stipule dans les baux que tous les impôts créés et à créer seront supportés par le loca-
17.

taire. Cette clause ne devrait pas être reconnue par la loi et l'obligation devrait être imposée au receveur des contributions, d'exiger que le paiement de l'impôt foncier fût effectué par le propriétaire de l'immeuble. On objectera que le propriétaire trouvera le moyen d'éluder cette disposition en augmentant le loyer du montant de cet impôt et au delà ; c'est vrai, mais du moins on évitera ainsi une fraude manifeste, un acte d'hypocrisie.

Autre exemple :

Un impôt vraiment inique est celui qui fait supporter par l'emprunteur d'un prêt hypothécaire, à l'exclusion du prêteur, les frais considérables de cette opération économique. Il ne peut être contesté que l'opération en question rend autant de services au prêteur qu'à l'emprunteur, au premier en lui assurant un intérêt rémunérateur de son capital, exempt de tout risque et de tout aléa, et au second en mettant à sa disposition une somme d'argent dont il a besoin pour donner de l'extension à ses affaires ou, ce qui est plus souvent le cas, pour parer à des nécessités urgentes qui viennent parfois assaillir le plus méritant et le plus honnête des hommes, ou encore pour le sauver d'un désastre, d'une ruine. Pourquoi alors charger l'un, le plus souvent le malheureux, de tout le poids de l'impôt et en exonérer l'autre, le capitaliste ?

Ne serait-il pas d'une justice élémentaire de faire supporter la charge à parts égales par les deux intéressés ? Le premier ne gagne-t-il pas en sécurité de son bien ce dont le second profite pour sortir d'embarras ?

L'acheteur d'un immeuble se trouve dans une situation similaire vis-à-vis du vendeur ; cependant ce cas s'explique plus aisément par la raison que le plus souvent l'acheteur

se trouve dans une situation de fortune plus favorable que
le vendeur et que chez lui il y a moins d'urgence, une
nécessité moins pressante. Toutefois on devrait admettre
comme logique et juste, que les frais résultant respectivement de l'achat et de la vente, soient répartis entre les
deux personnes opérantes à parts égales. La pratique en
usage actuellement dénote toujours une « inclinaison » du
principe de la justice au détriment de l'un des deux intéressés : par conséquent elle est anti-sociale. « Tu ne
porteras pas atteinte au droit. » (Deut. xvi. 19). « Justice,
justice, tu poursuivras. » (id. 20).

Sociétés anonymes.

Au nombre des réformes sociales qui appellent une
prompte solution, il faut placer une nouvelle réglementation des sociétés anonymes à l'effet de mieux protéger
l'épargne nationale qu'elle ne l'est actuellement.

D'après la législation en vigueur, des sociétés d'affaires
peuvent se constituer sans offrir au public des garanties
suffisantes de protection. Voici comment on procède : On
élabore un prospectus, on y fait ressortir les avantages
souvent imaginaires de l'entreprise en perspective, on
établit un état de compte mirifique ; puis on compose un
syndicat dans lequel on fait sonner bien haut le nom d'un
ou de deux personnages de marque, on passe un acte devant
un notaire, on fait en sa présence un versement de fonds
réel ou fictif, on présente cet acte aux autorités compé-
tentes à l'effet de le faire approuver et paraître au *Moni-
teur*, — ce qui entre parenthèses ne présente pas de
grandes difficultés — et l'appel à souscrire peut s'étaler
dans les journaux. Les souscriptions afflueront avec plus

ou moins d'abondance suivant le degré d'engouement du public et.... l'affaire est bâclée.

Il arrive que l'un ou l'autre des signataires du prospectus est lui-même induit en erreur, ce dont il ne s'aperçoit que lorsque l'affaire périclite.

Il y a urgence à obvier à ces procédés primitifs qui font tant de victimes, surtout parmi les petits rentiers.

La modification de ce procédé pourrait se faire avec efficacité de la manière suivante :

Une loi prescrira que tout projet d'affaires susceptible de constituer une société anonyme devra être soumis à l'examen sérieux d'une commission instituée *ad hoc* par le ministre du commerce ou le département qui a dans ses attributions l'administration du commerce et de l'industrie. Cette commission ne renfermera pas les mêmes titulaires pour tous les projets d'opération commerciale et industrielle, elle variera de composition suivant le genre d'affaires proposées. Il y aura une commission pour les affaires financières, une commission pour chacune des branches principales de l'industrie et une commission pour les affaires commerciales.

Ces commissions compteront dans leur sein — supposons sept membres chacune — quatre membres élus par leurs pairs, suivant le cas, des financiers, des industriels de chacune des grandes branches et des commerçants, et trois nommés par le ministère compétent. Les membres de ces commissions ne pourront pas être intéressés dans les affaires soumises à leur examen. Leurs fonctions seront gratuites, elles ne donneront droit qu'à une rétribution des vacations. Les mandats auront la durée de trois ans. Les commissions en question exigeront la production du tous les doeuments afférents à l'affaire soumise à l'examen, et vérifieront toutes les données fournies par les syndicats constituants. Elles proposeront ensuite au ministre, dans un rapport motivé, ou l'adoption ou le rejet de la demande d'approbation, sans appel.

Une pareille loi aurait une efficacité incontestable pour écraser dans l'œuf l'éclosion d'affaires véreuses sans gêner le moins du monde la création et le développement d'affaires saines, viables et profitables. « Vous ne commettrez pas d'indélicatesse envers autrui, vous ne l'induirez pas en erreur, vous ne lui direz pas une contrevérité. » (Lév. xix. 11).

(FIN)

TABLE DES MATIÈRES

SECONDE PARTIE

L'APPLICATION A LA VIE MODERNE DE LA SOCIOLOGIE SELON LA DOCTRINE JUIVE.

TYP. H. D'HOMONT, S'-OMER.